El marxismo y la revolución industrial

Y a continuación

El modo de producción capitalista frena el progreso técnico: el límite de los costes de producción

Sumario

El marxismo y la revolución industrial

El modo de producción capitalista frena el progreso técnico: el límite de los costes de producción

El marxismo y la revolución industrial

La revolución industrial

En la sección del "Capital", libro I, destinada a la gran industria, Marx dedica un capítulo al "Desarrollo de las máquinas y de la producción mecánica".

Él comienza por recordar el punto fundamental del comunismo revolucionario: todo progreso de la fuerza productiva del trabajo es un progreso en la explotación de la fuerza de trabajo proletaria y en el refinamiento de esta explotación. Por consiguiente "el desarrollo del empleo capitalista de las máquinas" no es más que "un método particular para fabricar plusvalía relativa"[1].

Los cantores del progreso técnico deberán pues repasar; éste se vuelve directamente contra el proletariado. La representación que asocia el marxismo al culto del "progreso" es pues falaz[2]. No debe deducirse de ello que Marx, no estando "por" el progreso técnico estaba "contra" él. Como siempre, el pensamiento de Marx es dialéctico. Si el maquinismo es sinónimo de desarrollo de la plusvalía relativa, sinónimo de crecimiento de la explotación de la fuerza de trabajo, sinónimo de valorización acrecentada del capital por el hecho del acrecentamiento del plusvalor, es al mismo tiempo portador, con el desarrollo ilimitado de la productividad que anuncia, de las bases materiales de una sociedad sin clases.

Es frecuente asociar economía y medicina. Al tratarse de cuerpos orgánicos, la comparación tiene su fundamento. De hecho, entre

---

[1] Marx, Capital, L.I, T.1

[2] Por ejemplo : « Lejos de enunciarse como la radiante evidencia de otro tiempo, que unía en la misma creencia a Victor Hugo (turiferario inmoderado del progreso) y Aragon, Jules Ferry y Karl Marx, el concepto de progreso tan sólo se pronuncia hoy en día en un ambiente crepuscular » (Robert Redeker, Le progrès ou l'opium de l'histoire, Editions Pleins feux, p.7)

los economistas clásicos, parte de ellos eran médicos (Petty, Quesnay,…). Si los economistas son los médicos del capitalismo, divididos en dos grandes escuelas; una que recomienda las sangrías y los enemas mientras que la otra contempla la administración de productos sicotrópicos, dopantes y euforizantes, Marx debe ser visto como un forense[3]. Él no practica la biología del capital sino su necrología[4]. Es situándose en el punto de vista de la sociedad futura que el cuerpo es disecado. Ésta es presente en negativo a lo largo de toda su obra. El punto de vista científico y el punto de vista revolucionario no son separables completamente[5]. Ni economista, ni filósofo, ni

---

[3] Con la circunstancia particular de que el forense en cuestión habría participado en la muerte del autopsiado.

[4] Amadeo Bordiga (1889-1970)

[5] "¿Y cuál fue la llave mágica con la que Marx pudo acceder a los secretos de todos los fenómenos capitalistas, que le permitió resolver, como en un juego, problemas que ni las más sobresalientes eminencias de la economía burguesa clásica, como Smith y Ricardo, llegaron a sospechar? Pues no fue otra que precisamente su concepción de toda la economía capitalista como una manifestación histórica, y no sólo hacia atrás, como en el mejor de los casos podía llegar a reconocer la economía clásica, sino también hacia delante, es decir, no sólo en lo concerniente al pasado feudal, sino también en lo concerniente al futuro socialista. El secreto de la teoría marxista del valor, de su análisis del dinero, de su teoría del capital, de su teoría de la tasa de beneficio y consiguientemente del conjunto del sistema económico reside en el carácter transitorio de la economía capitalista, es decir, en la inevitabilidad —y he aquí su reverso— de que su colapso conduzca al socialismo. Si Marx pudo descifrar los jeroglíficos de la economía capitalista fue precisamente, y únicamente, porque se enfrentó a ellos desde un punto de vista socialista, es decir, desde una perspectiva histórica. Y precisamente también por abordar desde un punto de vista socialista el análisis de la sociedad burguesa, pudo asimismo fundamentar científicamente el socialismo." (Rosa Luxemburgo. Reforma o revolución)

sociólogo, Marx es comunista: o sea, crítico de las representaciones teóricas de las clases dominantes y actor de su derribo revolucionario.

El concepto de "revolución industrial" [6] es parte integrante del marxismo[7]. Por consiguiente, lo que define esta "primera"

---

[6] Si bien Marx y Engels lo van a fundar científicamente, el término aparece en Francia, según Claude Fohlen, en relación con la mecanización del textil (Normandie, Picardie, Flandes). La expresión hace referencia, pero como burla, a la revolución de 1789. En su sentido más actual lo encontramos, en 1837, bajo la pluma de Adolphe Blanqui (el hermano mayor del revolucionario) : « John Wyatt, Lewis Paul, Richard Arkwright, James Hargreaves, Samuel Crompton, Edmond Cartwright, Berthollet y Bell no habrían inventado, el primero, su hiladora mecánica; el segundo, su carda sin fin; el tercero, su *rowing-frame* y *droxing-frame*, su telar y su carda sin fin; el cuarto, su *spinning-Jenny*; el quinto, su *Mull-Jenny*, el sexto, la lanzadera volante; el séptimo, el telar mecánico; el octavo, el arte del blanquear el algodón con cloro; y el noveno, el de imprimir las telas al cilindro sin fin. Limito esta cita a los descubrimientos que conciernen a la fabricación de telas de algodón, puesto que son ellas principalmente las que han operado la revolución industrial, que ha cambiado las relaciones entre las naciones, que han hecho penetrar nuestra civilización y nuestros conocimientos en todos los países dónde nuestros tejidos hallaban salida, que han dado, por fin, a un gran número de trabajadores la ocupación y el salario que necesitan para vivir y sostener a sus familias." (Adolphe Blanqui, Cours d'économie industrielle, 1837-1838, Angé, 1838, p.42-43). [En el texto impreso, el inventor de la lanzadera volante – John Kay (1704-1780) ha sido olvidado. NDR]

Será retomado en 1884 por el historiador británico Arnold Toynbee (el tío del historiador de las civilizaciones). El historiador francés Paul Mantoux publica al principio del siglo XX una obra significativa sobre la cuestión. Pero es sobre todo tras la segunda guerra mundial cuando el concepto se difunde fuera de las esferas "marxistas". Él será en parte contestado (el término de revolución suena tan mal a los oídos de los historiadores de la burguesía). El análisis de Marx y toda su carga

revolución industrial, suponiendo que haya habido otras, es la emergencia de la máquina.

"Hay pues que estudiar como el medio de trabajo se ha transformado de herramienta en máquina, y por lo mismo, definir la diferencia que existe entre la máquina y el instrumento manual" (Marx, Capital L.I)

Por cierto, Marx nos advierte en seguida que no se puede esperar una definición cerrada, abstracta, de la máquina. Tal tentativa, propia del modo de pensar metafísico, que imagina que es posible clasificar la realidad a priori, sería condenada al fracaso.[8]

De entrada, como hemos visto, este progreso se vuelve contra el proletariado, del cual se trata de extraer el máximo de plusvalía. Al mismo tiempo, por todo un conjunto de razones que no expondremos aquí, el modo de producción capitalista es conducido a frenar este mismo progreso técnico, a limitar su potencial, a extraviar sus posibilidades y a derrochar las fuerzas productivas. Desde este punto de vista, la máquina es inocente de los males que conlleva; la causa de ellos es su uso capitalista.

---

revolucionaria, cuando no es ignorado, es travestido, desfigurado y siempre combatido.

[7] "La fuerza de trabajo en la manufactura y el medio de trabajo en la producción mecánica son los puntos de partida de la revolución industrial" (Marx, Capital, L.I)

[8] Por otra parte, este capítulo del Capital, destinado al maquinismo, es particularmente interesante en otro aspecto de la cuestión relacionado con el desarrollo del maquinismo y más generalmente, del progreso científico y técnico, en la medida en que da numerosas indicaciones relativas a la dialéctica.

La máquina y la revolución industrial

Los componentes de la máquina

¿Qué pasa pues con la máquina? Marx muestra que todo mecanismo desarrollado se compone de tres partes fundamentalmente diferentes:

El motor

"El motor da el impulso a todo el mecanismo. Genera su propia fuerza de movimiento, como la máquina de vapor, la máquina electromagnética, la máquina calórica, etc. o bien recibe el impulso de una fuerza natural externa, como la rueda hidráulica de un salto de agua o el aspa de un molino de viento de las corrientes atmosféricas."(Marx. Capital, L.1)

Notemos aquí que la fuente de energía del motor es indiferente en relación con el concepto, lo que no significa que no sea importante en el estudio histórico, en especial teniendo en cuenta las repercusiones que esto puede comportar sobre la forma de todo el dispositivo, como sobre la organización social en general.

La transmisión

"La transmisión, compuesta de péndulos, ruedas circulares, ruedas de engranaje volantes, árboles motores, de una infinita variedad de cuerdas, de correas, poleas, palancas, planos inclinados, tornillos, etc, regula el movimiento, lo distribuye, cambia su forma si es necesario, de rectangular a rotatorio y viceversa, y lo transmite a la máquina-herramienta."(Marx, Capital. L.1)

La máquina-herramienta

La máquina-herramienta es […] un mecanismo que, una vez recibido el movimiento conveniente [*poco importa ahora de qué (diferentes tipos de motores) y como (transmisión) NDR*] ejecuta con sus instrumentos las mismas operaciones que el trabajador ejecutaba antes con instrumentos parecidos."(Marx, Capital, L.1)

De estos tres elementos el que es característico de la revolución industrial del siglo XVIII es *el tercero: la máquina-herramienta*. Los otros dos constituyentes sólo tienen por función comunicar el movimiento que permite la acción sobre el objeto de trabajo por la máquina-herramienta. Aún si el hombre es el motor, transmite la energía, la revolución se cumple por la substitución del hombre por la máquina-herramienta.

Consecuencias revolucionarias

Un desarrollo ilimitado de la productividad del trabajo

En su misma esencia, en su concepto, la revolución industrial supone la eliminación de la mano del hombre del proceso productivo final, el de la herramienta que acomete el objeto de trabajo[9].

La revolución industrial no se traduce pues por la creación de máquinas que suponen la prolongación de la mano como lo era la herramienta, sino por la eliminación del hombre del proceso

---

[9] "Desde que el instrumento, salido de la mano del hombre, es manejado por un mecanismo, la máquina-herramienta ha tomado el lugar de la simple herramienta. Una revolución se ha realizado, aun cuando el hombre siga como motor" (Marx Capital, L.1)

"Es precisamente esta última parte del instrumento, el órgano de la operación manual, que la revolución industrial tomó desde el principio, dejando al hombre, junto a la nueva necesidad de vigilar la máquina y corregir sus errores a mano, el papel puramente mecánico de motor" (Marx Capital, L.1)

"La máquina, punto de partida de la revolución industrial, reemplaza pues al trabajador que maneja una herramienta por un mecanismo que opera a la vez con otras herramientas parejas y recibe su impulso de una fuerza única, cualquiera que sea su forma." (Marx, Capital, L.1)

productivo. Al apartar al hombre del proceso productivo se abren perspectivas grandiosas a la productividad del trabajo. Por una parte, el número de herramientas actuando simultáneamente puede ser multiplicada, por otra, la rapidez de ejecución aumentada.

Potencialmente pues, en su mismo concepto, la revolución industrial induce la perspectiva de un desarrollo ilimitado de la productividad, y con él, la perspectiva de una sociedad sin clases. Con la revolución industrial, la burguesía pone en juego fuerzas productivas que entran en conflicto con los objetivos limitados de la producción capitalista a la busca del máximo de plusvalía. Este conflicto entre la tendencia al desarrollo ilimitado de las fuerzas productivas y las relaciones de producción limitadas propias del modo de producción capitalista se traducen en crisis generales de sobreproducción (crisis catastróficas en el sentido de que la sociedad, por razones sociales, es devastada, como por catástrofes naturales) que recuerdan periódicamente que el tiempo de una nueva sociedad ha llegado. La tendencia de estas crisis es la de ser cada vez más vastas, y conducen al derribo violento del capital.

He aquí porqué el socialismo habla de revolución industrial con el fenómeno del maquinismo. No se trata sólo de una evolución tecnológica, de una nueva invención de la historia de la humanidad[10]. Su llegada pone las bases materiales del comunismo al permitir un desarrollo ilimitado de la productividad, al permitir una reducción permanente del trabajo necesario, al poner las bases de una sociedad de abundancia.

---

[10] La importancia de la revolución industrial no escapó al historiador Eric Hobsbawm : « el acontecimiento más importante en la historia del mundo tras la aparición de la agricultura y de las ciudades » (citado por Jacques Brasseul, Una revisión de las interpretaciones de la revolución industrial, Revue Région et développement, n°7, 1998.)

Desarrollo del trabajo asociado

Pero ¡esto no es todo! El maquinismo induce un proceso de trabajo *específico* al modo de producción capitalista y crea de manera permanente el trabajo social asociado. Crea la clase de productores asociados que debe liberarse de la dictadura del capital para poder llevar a su término el potencial del maquinismo, para llevar a otro nivel, más elevado, el grado de la fuerza productiva del trabajo.

"En la manufactura, la división del proceso de trabajo es puramente subjetiva; es una combinación de obreros parcelados. En el sistema de máquinas, la gran industria crea un organismo de producción completamente objetivo o impersonal, que el obrero encuentra ahí, en el taller, como la condición material previa de su trabajo. En la cooperación simple, e incluso en la fundada en la división del trabajo, la supresión del trabajo aislado por el trabajador productivo puede parecer más o menos accidental. El maquinismo, con las pocas excepciones que mencionaremos más tarde, funciona sólo por medio de un trabajo socializado o común. El carácter cooperativo del trabajo se convierte en una necesidad técnica dictada por la misma naturaleza de su medio" (Marx, Capital, T.1)

Un proceso de trabajo específicamente capitalista: la subordinación real del trabajo al capital

Hemos abordado a menudo el hecho de que el modo de producción capitalista conocía una modificación cualitativa de su proceso de producción, y más en particular, de su proceso de trabajo. Marx nos dice que la subordinación del trabajo al capital deviene real[11]. Ésta corresponde justamente al advenimiento de la

---

[11] Antes esta subordinación del trabajo al capital se daba sólo en la forma. El capital dominaba el trabajo asalariado, proseguía su fin exclusivo : la producción de un máximo de plusvalía, pero el proceso de trabajo se basaba en los medios de producción heredados de las antiguas formas de producción.

revolución industrial. Con la llegada de un proceso de trabajo específicamente capitalista, todo el aparato productivo se ve inmerso en un cambio continuo. Este movimiento, que en un principio tiene lugar extendiéndose de una esfera de la producción a otra, influencia a su vez a otros sectores de la sociedad, en especial a los medios de transporte y de comunicación.

"El trastorno del modo de producción en una esfera industrial conlleva un cambio análogo en otro. Esto se percibe en primer lugar en las ramas de la industria que se entrelazan como fases de un proceso conjunto, aunque la división social del trabajo las haya separado y metamorfoseado sus productos en otras tantas mercancías independientes. Es así como el hilado mecánico ha hecho necesario el tejido mecánico, y que ambos hayan implicado la revolución mecánico-química del blanqueado, de la imprenta y del tinte. Igualmente, la revolución en el hilado del algodón ha provocado la invención de la *desmotadora* para separar las fibras de esta planta de su grano, invención que ha hecho posible la producción del algodón en la inmensa escala que hoy se ha hecho indispensable". (Marx, L.1)

Iniciada con la revolución industrial[12], la subordinación real del trabajo al capital se completa entre el último cuarto del siglo XVIII y el primer tercio del XIX.

Entonces, desde que se ha consumado la revolución industrial, desde que se afirma un proceso de trabajo propio al modo de producción capitalista que se caracteriza por la subordinación real del trabajo al capital son puestas las bases materiales del comunismo. A partir de este momento, no sólo se hace posible el comunismo, sino que es una necesidad para liberar las fuerzas productivas del corsé de las relaciones de producción capitalistas.

---

[12] Con todas las precauciones necesarias, Marx fecha precisamente su punto de partida, 1735, con la invención de la máquina de hilar de John Wyatt.

También por el hecho de ser el comunismo posible nace la consciencia de éste con el marxismo y la constitución de la clase proletaria en partido político independiente. Según la concepción materialista de la historia, el socialismo moderno, científico en oposición al socialismo utópico, se afirma desde el fin de la primera mitad del siglo XIX.

De la máquina herramienta a la máquina de vapor

El mecanismo en conjunto

Volvamos a la demostración de Marx. Le hemos dejado con la máquina-herramienta y el corazón de la revolución industrial. El conjunto del dispositivo toma la forma siguiente, siendo la máquina-herramienta el elemento clave que define la revolución industrial:

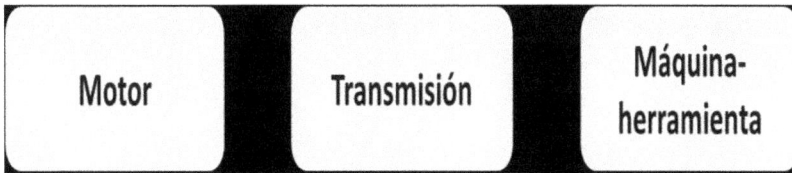

Motor	Transmisión	Máquina-herramienta

El motor y la máquina de vapor

Desde el momento que la revolución industrial reemplaza al hombre que maneja la herramienta por la máquina, se abre la generalización de este proceso a otro componente esencial de este mecanismo: el motor.

"Desde que la herramienta es reemplazada por una máquina muda para el hombre, se hace necesario reemplazar al hombre en el papel de motor por otras fuerzas naturales" (Marx, T.1., Capital)

El maquinismo implica una busca de **regularidad**, de **permanencia, de potencia** y de control de ésta, de **velocidad** en la acción del motor. Marx pasa revista a diversas fuerzas motrices que constituyen otras tantas lecciones del pasado en cuanto a la utilización de ciertas fuentes de energía[13]. Es en este contexto que se inscribe la máquina de vapor. Si ella no está en el corazón de la revolución industrial (pues una vez más, es la máquina-herramienta y no la fabricación de energía quien juega este papel) si ella es engendrada por la revolución industrial más que fundadora de ella[14], permite superar los límites que encuentran las otras fuerzas motrices.

"Es con la máquina de vapor de doble efecto de Watt[15] que fue descubierto un primer motor capaz de alumbrar su propia fuerza motriz consumiendo agua y carbón, y con un grado de potencia enteramente regulado por el hombre" (Marx, T.1 Capital)

---

[13] El hombre "es un agente muy imperfecto en la producción de un movimiento continuo y uniforme [sin contar su tendencia natural a la "pérdida de tiempo, a la vagancia" como decía Taylor...], "De todas las fuerzas motrices" heredadas del período precedente, "el caballo es la peor", él "tiene su cabeza" y se revela "dispendioso", el viento es "muy inconstante y difícil de controlar", el agua "no puede ser aumentada a voluntad", la acción de la fuerza motriz de los molinos es "desigual", etc. (Marx, Capital, L.1)

[14] « La misma máquina de vapor, tal como existía durante el período manufacturero, a partir de su invención hacia el fin del siglo XVII hasta el comienzo de 1780, no conllevó ninguna revolución en la industria. Por el contrario, fue la creación de las máquinas-herramientas la que hizo necesaria la máquina de vapor revolucionada. » (Marx, Capital, L.1)

[15] Es decir, después de 1780, o sea, cerca de 50 años después de la máquina de hilar de Wyatt (no confundir con Watt) y cerca de un siglo tras su invención.

Efectos en retorno de la máquina de vapor

La máquina de vapor va a tener también consecuencias importantes. Su movilidad permite concentrar en las ciudades una producción hasta entonces diseminada en el campo. Un comentarista de la época remarca que "la máquina de vapor es el padre de las ciudades manufactureras"[16].

Por otra parte, esta aplicación técnica tiene un alcance universal. En especial la encontramos en la revolución de los transportes (ferrocarriles, navegación a vapor, por ejemplo), que son el corolario de la revolución industrial.

Otro aspecto de la máquina de vapor merece ser subrayado. Es la ocasión para Friedrich Engels de escribir una de las más bellas páginas sobre la dialéctica[17]. La vertiente dialéctica de una relación no es sistemáticamente presente en el espacio propio de un tiempo dado. Cuando no existe, el pensamiento dialéctico autoriza a anticiparlo. Desde que el hombre consigue dominar el fuego, mediante el frotamiento, acontecimiento sumamente importante donde los haya, se ha convertido un movimiento mecánico en calor. Sólo miles de años después la dialéctica del proceso habrá agotado su ciclo, con la conversión del calor en movimiento mecánico, o sea, con la máquina de vapor.

Una nueva etapa es franqueada a partir de que las mismas máquinas y motores son producidos con máquinas. Desde entonces la gran industria "puede caminar sin límites"[18] Este fenómeno, para las máquinas, se produce en el primer tercio del siglo XIX. En el segundo tercio, la construcción de vías férreas y la navegación a vapor hacen necesarias las "máquinas ciclópeas"[19]

---

[16] A. Redgrave, citado por Marx, Capital, L.1

[17] Engels, Dialectique de la nature, Editions sociales, p.116

[18] Marx, Capital, L.1

[19] Marx, Capital, L.1

para la fabricación de los primeros motores. Esta fase concierne a las máquinas destinadas a la construcción de los primeros motores para la navegación oceánica especialmente y al segundo tercio del siglo XIX; es pues posterior en un siglo al comienzo de la revolución industrial.

En nuestros días, con la microelectrónica, parece tentador oponer a esta fase otra más moderna en que el gigantismo, si no desaparecido, habría sido minimizado. Pero imaginar que las fuerzas productivas modernas no se casan con lo grande es ignorar las centrales nucleares, con sus inmensas chimeneas y su calderería, particularmente sofisticada por los tanques de combustible, es ignorar lo que es una fábrica siderúrgica moderna con su tren de laminado, es ignorar toda la industria de la petroquímica con sus instalaciones de cracking y de refinado, es ignorar la producción de petroleros gigantes y otros barcos de talla inigualable, es ignorar los aviones de carga capaces de transportar en un solo vuelo la alimentación para una ciudad entera; los trenes de gran velocidad, es ignorar las considerables obras de arte, túneles (pensemos en el túnel de la Mancha o en el que une Dinamarca con Suecia) puentes de gran capacidad, inmuebles de gran altura. Si el acelerador de particulares gigante americano no ha sido acabado, el del CERN, tres veces menor con su anillo de 27 kilómetros, es sin embargo la máquina más sofisticada jamás construida por el hombre. *Last but not least*, el arsenal militar es capaz ya de destruir varias veces el planeta. Es decir, nunca la burguesía había puesto en juego tantas fuerzas productivas (y de fuerzas destructivas) faraónicas. Ya sea en el dominio de lo infinitamente pequeño como en el de lo infinitamente grande, más que nunca la burguesía ha dirigido un desarrollo de las fuerzas productivas que muestra lo que la especie humana es capaz de realizar. Si el "Manifiesto del partido comunista" es un elogio de la burguesía, se hace necesario escribir un segundo.

Hacia el automatismo integral

Desde entonces, el hombre es apartado de todos los componentes del sistema mecánico. Se llega, *en el concepto*, al sistema automático. La automatización integral del proceso de producción está enteramente inscrita en el concepto de revolución industrial. La máquina aislada cede su lugar al sistema de máquinas, lo que Marx llama la *"Maschinerie"* (en alemán) traducido normalmente por "maquinismo", pero que también podría ser traducido por "maquinería"

"(...) por su parte el motor adquiere una forma independiente, completamente emancipado de los límites de la fuerza humana. La máquina-herramienta, tal como la hemos estudiado hasta ahora, cae también al rango de un simple órgano del mecanismo de operación. En adelante un solo motor puede poner en movimiento múltiples máquinas-herramientas" (T.1 Capital)

El carácter dialéctico de las interrelaciones así producidas es desarrollado por Marx en la frase siguiente:

"Con el número creciente de máquinas-herramientas a las que dar simultáneamente propulsión, el motor crece, mientras que la transmisión se metamorfosea en un cuerpo tan vasto como complicado".(Marx, Capital, L.1, T.1)

El desarrollo recíproco de estos diferentes elementos lleva finalmente al sistema automático de máquinas, que constituye el maquinismo desarrollado[20]

---

[20] "Una vez incluido en el proceso de producción del capital, el instrumento de trabajo recorre, sin embargo, diferentes metamorfosis, la última de las cuales es la *máquina*, o mejor dicho, un *sistema automático de máquinas* (sistema de máquinas; el sistema automático sólo es la forma más acabada y más adecuada del mismo, que es el único que transforma la máquina en un sistema) puesto en movimiento por una fuerza motriz autómata, que se mueve a sí misma." (Marx, Principios

"El sistema de las máquinas-herramienta automáticas que reciben su movimiento por transmisión de un autómata central es la forma más desarrollada del maquinismo productivo. La máquina aislada ha sido reemplazada por un monstruo mecánico que, con su gigantesco armazón, llena edificios enteros; su fuerza demoníaca, disimulada en principio por el movimiento cadencioso y casi solemne de sus enormes miembros, estalla en la danza febril y vertiginosa de sus innumerables órganos de operación."(Marx, Capital L.1 T.1)

Antes de cerrar este capítulo, remarquemos dos cosas que nos serán útiles para analizar el alcance efectivo de las otras "revoluciones industriales".

1°Además de los transportes, son los medios de comunicación los que son trastornados por la revolución en la industria y la agricultura, en especial con el telégrafo.

2° La máquina permite producir formas que están fuera del alcance del trabajo manual más hábil y más experimentado.

En resumen:

Hay ciertamente una revolución industrial, que empieza en el curso del siglo XVIII. Este concepto es parte integrante del marxismo.

No se trata de una simple letanía de invenciones o de una revolución simplemente "tecnológica", ella trastorna las condiciones de la producción al crear la clase del proletariado moderno y el trabajo asociado y por otra parte el potencial productivo para asentar la base material de una sociedad sin clases. Las clases sociales ya no sólo dejan de ser necesarias sino que se convierten en un obstáculo a este desarrollo.

---

de una crítica de la economía política, Grundrisse, OME 22 CRÍTICA, p.81).

En estas condiciones, el mismo concepto de una "segunda" revolución industrial o de una serie de revoluciones tecnológicas sucesivas pierde una buena parte de su base material. Es sobre la base del maquinismo desarrollado que se abre la perspectiva de una expansión ilimitada de la productividad del trabajo, cualesquiera que sean las formas técnicas en las que se inscribe y los diferentes momentos que ella conoce en el curso de la historia del modo de producción capitalista. El curso abierto por la revolución industrial (sin número de orden a partir de ahora) se desarrolla a continuación con evoluciones, rupturas y singularidades que es necesario identificar y de los que hay que analizar el alcance, pero dentro del hilo derecho que emerge con el comienzo del maquinismo.

La "segunda revolución industrial".

Primer balance

Hemos mostrado que el concepto de *revolución industrial* pertenece a la teoría comunista y que hay que vincularlo a la previsión del comunismo, cuyas bases materiales se hacen posibles con el desarrollo mismo del maquinismo.

Podemos ahora analizar el concepto de "segunda revolución industrial". Hemos visto que, con la revolución industrial, no se trataba para nada de una letanía de invenciones sino de un salto cualitativo en el modo de producción capitalista, con la emergencia de una tecnología específicamente capitalista, que permite al capital subordinar realmente al trabajo. Como el concepto de revolución industrial agota, recordémoslo, la cuestión del desarrollo de la productividad y de la automatización, las bases materiales para una nueva revolución industrial son bastante alteradas; ya no hay fundamento material comprobable para justificar un concepto del tipo "revolución industrial" del que hemos intentado mostrar la amplitud como las consecuencias. Pero no porque un concepto esté agotado (a pesar del hecho de que un concepto no alcanza jamás la realidad y debe perfeccionarse), se ha realizado. Entre el comienzo de la revolución industrial y un mundo, ilusorio, donde toda producción sería automatizada, está justamente el lugar para que el concepto se realice, para que la realidad alcance el concepto y, si es necesario, lo precise. Por consiguiente, podemos emitir de entrada dudas sobre el alcance de un concepto como el de "segunda revolución industrial". El concepto está ausente del marxismo mientras Marx y Engels eran sus contemporáneos, si nos referimos a ciertas acepciones de la palabra. Al mismo tiempo, por mucho que haya singularidades, momentos particulares, aceleraciones y saltos cualitativos en el despliegue del concepto, importa aprehenderlos y explicitar su significado. Es cierto que con el concepto de "segunda revolución industrial", estamos en las brumas ideológicas donde las inteligencias representantes de la burguesía gustan de perderse. Debemos pues criticar esta ideología y a su vez, si ello tiene un sentido, mostrar lo que pasa efectivamente en el curso del modo de producción capitalista.

Un concepto confuso y proteiforme: su representación más consensuada

El concepto de "segunda revolución industrial" se presenta de entrada bajo el signo de la confusión intelectual más total. ¿Existe? ¿Cuándo ha comenzado? ¿Cuál es su característica? Sobre estas cuestiones reina la mayor variedad de opiniones.

Comencemos por la opinión más consensuada. Es la que figura en los programas de historia enseñados en las escuelas secundarias de Europa. ¿Qué enseña la burguesía a la juventud?

Le dice que en las últimas décadas del siglo XIX, nuevos descubrimientos e innovaciones van a transformar las condiciones de vida. Se enumera:

- Las nuevas fuentes de energía, con la electricidad y el petróleo (la dínamo en 1871, el transporte a distancia de la electricidad, la hidroelectricidad -1878- la lámpara incandescente -1879-, el motor de explosión -1893- y el motor diésel abren un porvenir al petróleo)

- Los nuevos medios de comunicación (teléfono -1876-, fonógrafo -1877-, radio –años 1890-, cine -1895-)

- El desarrollo de la química (textiles artificiales, materias plásticas, fertilizantes, perfumes y colorantes sintéticos)

- La expansión del aluminio, que gracias a la electrólisis, se torna un metal menos costoso. Por su parte la metalurgia del hierro conoce nuevos progresos.

- Los nuevos medios de transporte (la navegación a vapor que substituye la navegación a vela, la bicicleta, la emergencia del automóvil, la invención de la aviación) y la creación de nuevas vías de comunicación (Suez, Panamá, ferrocarriles transcontinentales).

- Y otros elementos ligados al desarrollo científico y médico, como la reducción de la mortalidad bajo el impulso de los trabajos de Pasteur.

Según este punto de vista, la segunda revolución industrial emerge pues en los años 1870 y se funda en un abanico de descubrimientos que conducen a una nueva civilización material (electricidad, automóvil, química...).

Pero como las discontinuidades no son fáciles de establecer[21], ciertos autores experimentan la necesidad de reforzar su punto de

---

[21] Por ejemplo, la química se desarrolla con Lavoisier y más aun con Dalton. Nos hallamos en el principio del siglo XIX. Podemos constatar que un científico del fin del siglo XIX como Berthelot, que fue ministro de educación y opuesto a la teoría de Avogadro, destina un libro a la « revolución química ». Se trata en su espíritu de la obra de Lavoisier. « Estos descubrimientos y estas transformaciones científicas ofrecen, en el modo en que se producen, un carácter remarcable, parecido al de de la Revolución social, con la que han coincidido: ellos no se han efectuado gradualmente, por la lenta evolución de los años y los trabajos acumulados de múltiples generaciones de pensadores y experimentadores. ¡No! se han producido súbitamente : quince años han bastado para cumplirlos » (Marcellin Berthelot, La révolution chimique : Lavoisier, 1889, p.17) La electricidad ha conocido también numerosos desarrollos a partir de 1820 (Oersted, Ampère, Faraday). Marx alude directamente a ello en el « Capital » : « (...)Con la ciencia ocurre como con las fuerzas de la naturaleza. Una vez descubiertas, la ley que rige la desviación de la aguja magnética en el campo de acción de una corriente eléctrica, o la ley acerca de la magnetización del hierro en torno al cual circula una corriente eléctrica, no cuestan un centavo. Pero para explotar estas leyes en beneficio de la telegrafía, etc., se requiere un aparato muy costoso y complejo. Como ya hemos visto, la

vista resaltando los aspectos más "estructurales". Así, Yves Crozet y Christian Le Bas en el tomo I de la "Economie mondiale-de la révolution industrielle à 1945 » editada por Hachette, consideran que la ciencia ha jugado un papel menor en la primera revolución industrial, mientras que al final del siglo XIX puede convertirse en el "centro mismo de la producción" y actuar sobre las "estructuras productivas". Una idea similar es defendida por Franck Achard, al enseñar la historia de las ciencias: "En los años 1870, Europa, y más en particular la Gran Bretaña, conocen los que los historiadores han llamado la segunda revolución industrial: el desarrollo de una industria que se apoya en la investigación científica" (Cahiers de science et vie – Le cas du champ électromagnétique, p. 78).

Un concepto vuelto contra la teoría revolucionaria

En un primer análisis, uno no puede dejar de impresionarse por la diferencia entre el grandioso análisis del contenido de la

---

máquina no desplaza a la herramienta. Ésta, de instrumento minúsculo del organismo humano, crece en volumen y cantidad hasta convertirse en herramienta de un mecanismo creado por el hombre. En vez de hacer que el obrero trabaje con su herramienta, el capital lo hace trabajar ahora con una máquina que maneja ella misma sus herramientas» (Marx, Capital, L.I)

En cuanto a los suizos, ellos reivindican la invención de los coches automóviles antes del fin del siglo XVIII y el del motor de explosión en el comienzo del siglo XIX (Isaac de Rivaz).

Por otra parte, la percepción de lo que es determinante en las invenciones varía según la época. Por ejemplo, los historiadores del fin del siglo XIX tenían por costumbre tratar del mismo modo que la máquina de vapor la invención de Nicolas Leblanc, que permitía producir sosa a partir de la sal marina. Siendo la sosa un componente esencial puro de numerosas industrias vitales (blanqueado en el textil, jabonería, cristalería, tintura).

revolución industrial como lo establece, según hemos visto, el comunismo revolucionario (automatización, eliminación del hombre del proceso de producción, crecimiento ilimitado de la productividad, nuevo proceso de trabajo específicamente capitalista, desarrollo del trabajo asociado, bases materiales del comunismo) y la pobreza de la argumentación burguesa que se reduce a desgranar invenciones. No porqué ciertas invenciones no tengan importancia –la luz eléctrica y el automóvil son una evidencia para una mayoría en los países donde el modo de producción capitalista está más desarrollado[22], sino porqué nos hallamos ante una letanía de invenciones que nada une, sin ninguna fuerza conceptual. Donde, para el socialismo, tenemos un concepto cuya carga social es revolucionaria (y con esta connotación [23]) tenemos, para los historiadores de la burguesía, una historia de la tecnología, cuando no simplemente una historia de las fuentes de energía. Si se sigue esta última aproximación, la (primera) revolución industrial tendría como característica el carbón, la máquina de vapor y el ferrocarril y la segunda la electricidad, los plásticos y el automóvil. Pero en el fondo, nada se ha dicho de la ruptura, del salto cualitativo que justificaría una nueva revolución industrial. Podemos pues constatar que toda la fuerza del análisis comunista y de sus consecuencias es evacuado, silenciado, ignorado, edulcorado, en beneficio de una visión puramente tecnológica. La crítica radical del modo de producción capitalista, el anuncio de su superación, la formidable dimensión social y política del concepto son borrados en provecho de una historia de la energía y de los medios de transporte y de comunicación.

---

[22] Desde este punto de vista, Lenin (que, como el Zar, se convertirá en un cliente de Rolls-Royce) subestimaba enormemente la posibilidad del desarrollo del automóvil.

[23] Los historiadores burgueses que han elegido no edulcorar el concepto de « revolución industrial » sino combatirlo proponen en general la palabra industrialización.

En cuanto a la incorporación de la ciencia al capital, es desde el principio de la producción capitalista que los conocimientos se vuelven contra el proletario y se desarrollan unilateralmente; el capital los acapara. Este fenómeno se amplifica con la producción manufacturera para culminar con la gran industria: la ciencia deviene una fuerza productiva independiente, enrolada por el capital. Sin embargo las ciencias no se desarrollan a la misma velocidad, y si algunas, como la mecánica nacen con la llegada del capitalismo moderno, es con él que se desarrollan (de modo desigual) las ciencias en que la complejidad de las relaciones es mucho mayor[24], mientras que reciben el impulso necesario para su desarrollo[25]. El modo de producción capitalista moderno no cesa de trastornar las condiciones de producción.

Desde entonces la cuestión se ilumina de otro modo. El concepto de "segunda revolución industrial" aparece como medio de relativizar, edulcorar, aseptizar, desarmar el concepto de "revolución industrial". Se trata de hacerlo entrar en orden, de disciplinarlo, de hurtarle toda carga revolucionaria. Se trata de burlar el significado que le da el socialismo científico, para

---

[24] « La base científica de la gran industria, la mecánica (…) estaba, en un cierto sentido, terminada en el siglo XVIII. Es solo en el XIX, más concretamente en sus últimas décadas, cuando se desarrollan las ciencias que llevan *directamente* a un alto grado las bases específicas tanto de la agricultura como de la industria, la química, la geología, la fisiología. » (Marx, Teorías sobre la plusvalía, T.2)

[25] « Si es cierto que la técnica, como usted dice, depende en parte considerable del estado de la ciencia, aún más depende ésta del *estado* y las *necesidades* de la técnica. El hecho de que la sociedad sienta una necesidad técnica, estimula más a la ciencia que diez universidades. Toda la hidrostática (Torricelli, etc.) surgió de la necesidad de regular el curso de los ríos de las montañas de Italia, en los siglos XVI y XVII. Acerca de la electricidad, hemos comenzado a saber algo racional desde que se descubrió la posibilidad de su aplicación técnica. » (Engels a Borgius - 25/1/1894)

retomar el concepto, domesticado, castrado, en el campo burgués. Al anuncio del derribo violento del modo de producción capitalista sucede su marcha triunfal hacia el progreso, ritmado por "revoluciones industriales" sucesivas.

En el punto de vista de los historiadores burgueses franceses, hay un lapsus revelador. En buen francés, cuando se habla de "**seconde**[26] révolution industrielle", (igual que cuando se habla de "**seconde** guerre mondiale") es que no se espera una tercera, sino debería decirse "**deuxième**". La "seconde" se ha puesto ahí para relativizar la "révolution industrielle", transformarla en "première révolution industrielle" y llevarla así al carril burgués.

Esto no significa no obstante que no haya ciertos períodos en que el cúmulo de invenciones o una invención específica, de descubrimientos, de realizaciones científicas, no revistan una significación especial. El socialismo tiene una idea sobre la clasificación de estos resultados, pero como veremos, no en relación con una enumeración de descubrimientos, y menos aún, en relación con una historia de las fuentes de energía.

En todo caso, hemos llegado a un primer resultado: en una primera acepción del término, el concepto de "segunda revolución industrial" no tiene contenido científico en relación con el concepto de revolución industrial. Aún más, se vuelve directamente contra la teoría proletaria con la voluntad de marginar el concepto al rango de revolución tecnológica, banalizándolo bajo el ángulo de una simple historia de las invenciones y de las fuentes de energía. Este concepto autoriza entonces todas las confusiones, puesto que, según el ángulo tecnológico valorado, podrán contabilizarse una "segunda" y una "tercera",..., revoluciones industriales. Por ejemplo, para los que

---

[26] En francès "2°" se dice "deuxième" si la serie continua (troisième, quatrième, etc.), o bien « seconde » cuando se trata de una serie limitado a dos objetos. Así, la "seconde" clausura la serie. El castellano solo posee la palabra "segunda".

avalan el empuje de invenciones científicas de los años 1870 como "segunda" revolución industrial, la era abierta con la informática, los microprocesadores en los años 50 serían una "tercera" revolución industrial. Por el contrario, para otros, que analizamos más abajo, este último período es el de una "segunda" revolución industrial. Apenas acabada la tercera revolución industrial (?) ya algunos anuncian la perspectiva de una cuarta revolución industrial a base de internet, de robótica y de fábrica inteligente. Según los turiferarios estipendiados del modo de producción capitalista, la fábrica 4.0 está en marcha.

En una palabra, digamos claramente aquí que, en relación con toda esta confusión, el comunismo tan solo reconoce una, contemporánea y fundadora del capitalismo moderno, del cual significa igualmente la superación.

Mercaderes emboscados en el frente del pensamiento

Vayamos a un segundo grupo de opinión sobre la expresión de "segunda revolución industrial". Este conjunto posee a su vez múltiples matices. Empecemos por los más radicales, punta de lanza de lo que otros llamarán "tercera revolución industrial". Este grupo está compuesto por los capitanes de industria de la rama electrónica e informática. Afirma que es Internet quien funda una segunda revolución industrial. Por ejemplo, el patrón de Cisco, sociedad que, con una cifra de negocios de 12,5 miles de millones de dólares es el primer suministrador mundial de soluciones de redes para Internet, declara:

"Hace cinco años, predijimos que nos hallábamos en el centro de una segunda revolución industrial que iba a modificar profundamente el porvenir del país, de las empresas y de las personas. Hoy en día, Internet se ha convertido ya en el primer motor de crecimiento de la economía…La segunda revolución industrial no ha hecho más que comenzar, y los estados y las empresas del mundo entero se vuelven hacia Cisco como el experto en Internet, para que las ayude a adaptar sus modelos de negocios y sus países a esta nueva era. Estamos pues muy satisfechos de los resultados que hemos conseguido en todas las líneas de productos, dominios de actividades y centros geográficos." (John T. Chambers Presidente de Cisco Systems. 11 de agosto de 2000)

La misma opinión, en el otro extremo de la escala de negocios, con este start up: "De formación universitaria (HEC) escogí especializarme en el marketing en 1985 y fundé Aequalis en 1995. A comienzos de 1995, oí hablar de Internet por primera vez y empecé a navegar. Tuve la idea en 1997. Después de concebir múltiples sitios web para nuestros clientes, tenía ganas de desarrollar mi propio producto, pues estaba convencido del potencial enorme de Internet: una especie de segunda revolución industrial donde los trenes parten uno tras otro." (Robert Palm, fundador de una start up en Suíza).

Ahí uno no se molesta mucho en reflexionar, la conceptualización está en conexión directa con los intereses inmediatos del capital. Se trata de convencer a los clientes que se hallan frente no a una tercera revolución industrial, lo que sería minimizar el hecho, sino con una segunda, acontecimiento pues extraordinario que se da sólo cada dos o tres siglos. Tal revelación no puede más que incitarles a la compra de estos productos indispensables para no perderse la nueva Jerusalén.

Los charlatanes mercenarios del consulting

En la misma onda, pero con una línea diferente según los lugares distintos que estos actores ocupan, encontramos la literatura de Andersen (no el que escribe cuentos, sino el que falsifica las cuentas...). Los capitalistas grandes o pequeños implicados directamente en el sector de Internet tienen mucho interés en dramatizar y magnificar su oferta. Los gabinetes asesores que no pueden, por su posición, ignorar los progresos de sus clientes que pertenecen a todas las ramas de los negocios, van a hacer sonar la misma trompeta, pero dándole un sonido más "histórico". El gabinete Andersen se singularizó particularmente en 2001 cuando estalló el escándalo del caso Enron. Se descubrió entonces que esta sociedad ha trucado las cuentas y destruido documentos. Habida cuenta que nos hallamos en el dominio de la auditoría, una actividad que se basa en documentos y piezas contables que tienen una cierta objetividad, que estas cuentas se expresan en un denominador común, el dólar, y en un marco definido, el plan contable, se puede evaluar la libertad que tienen estas sociedades cuando se trata de una actividad más subjetiva como es el asesoramiento. Explotando la credulidad y el infantilismo de los jefes de empresa y de los accionistas, estas sociedades pueden explicar cualquier cosa cuando se trata de prometer beneficios fáciles e importantes. Ellas tienen una parte de responsabilidad en la formación de la "burbuja internet" del fin de los años 90 y de la intensa y delirante especulación que se hizo con el planeta capitalista, sobre la base de las necias consideraciones de la "nueva economía".

Demos la palabra a los charlatanes de los tiempos modernos:

"¿Puede hablarse de tercera revolución industrial? La expresión "revolución industrial" es más y más utilizada con motivo de la revolución ligada a las tecnologías de la información y de la comunicación. Pero, ¿en qué se reconoce una revolución industrial? En una larga perspectiva de evolución de la economía mundial, se trata de ver como la llegada de nuevas tecnologías ha podido contribuir a la transformación profunda del intercambio que es la base de nuestra economía. Toda ganancia que los hombres consigan realizar en el tiempo y en el espacio en el que se organizan sus intercambios se traduce, para ellos, en riquezas suplementarias.

Una revolución industrial se caracteriza por una nueva fuente de energía, un motor y la aparición de un nuevo modo de comunicación e intercambio.

En el siglo XIX, la primera revolución industrial tiene como energía el carbón, como motor la máquina de vapor y como nuevo modo de comunicación del ferrocarril.

La segunda revolución industrial comienza con la primera guerra mundial. Una nueva fuente de energía, el petróleo, permite el desarrollo del motor de explosión, y de toda la industria automovilística y aeronáutica. Estos nuevos medios de comunicación generan una fuerte progresión de la economía mundial tirada por los Estados Unidos.

La tercera revolución industrial se caracteriza por una nueva fuente de energía, la información; nuevos motores aparecen con el ordenador y los sistemas de información; un nuevo modo de comunicación y de intercambio se desarrolla con las redes e Internet.

Si esta economía inmediata, en red, que nosotros vivimos, es la marca de un profundo cambio, entonces ¡osemos acoger la tercera revolución industrial!" (Alain Richemond por Andersen)

Basta remitirse al análisis de la revolución industrial como lo hace el socialismo para medir hasta qué punto el simplismo, por no decir la necedad, es erigida en rango de metodología por Andersen. Como los autores citados, Andersen no se basa en la historia, ¡ni siquiera en la de los historiadores burgueses!.

La segunda revolución industrial interviene en la víspera de la primera guerra mundial, cerca de medio siglo después del saque inicial de los historiadores burgueses. Pero no se trata de analizar los hechos. Se trata, según los preceptos de los gabinetes asesores, de extraer de los hechos una sistematización pseudo racional que hará de parrilla de análisis. Se obtiene así una "metodología" de análisis de la revolución industrial gracias al triplete "fuente de energía-motor-medio de comunicación"[27]. El

---

[27] Se notará la crasa nulidad del razonamiento intelectual que asimila « la información » a una energía y el ordenador a un motor.

ideal de este tipo de sociedad es revender en seguida tales metodologías haciéndolas aplicar por consultores menos experimentados y por tanto menos bien pagados. La busca de metodologías es pues una parte constitutiva de su sistema de pensamiento, que les permite mejorar su argumentario de venta y obtener un máximo de beneficio, libre de hacer entrar, con calzador o a golpe de martillo, el caso que les es sometido en la "metodología" abstracta que ha sido elaborada. Se podrá notar como esta deriva intelectual, sumaria cuánto menos, hace zozobrar en la estupidez, cuando no en el cinismo más abyecto. En efecto, hacer coincidir la segunda revolución industrial con una de las mayores carnicerías imperialistas, la crisis de entreguerras y su culminación en la segunda guerra mundial, que verá la emergencia del ordenador y el debut de la "tercera" revolución industrial, sin mencionar ninguno de estos hechos y pretender que se trató de un período de "fuerte progresión de la economía mundial" da que pensar en cuanto a las capacidades intelectuales de ciertos representantes de la burguesía.

Por consiguiente, las fracciones de la clase capitalista directamente ligadas a la producción capitalista en el sector de Internet militan por la existencia de una nueva revolución industrial (segunda o tercera siguiendo su proximidad con el sector). Cuando tratemos más en particular la tercera revolución industrial veremos otros factores constitutivos del discurso.

Nada nuevo bajo el sol

Veamos ahora un último gran tipo de discurso. Éste es mantenido por ciertos medios ecologistas, para los cuales la segunda revolución industrial está por venir y se afirmará con la revolución de la energía solar.

"Desde el punto de vista de la historia de la civilización, la era solar señala el abandono de la aglomeración. Como las actividades económicas deben seguir siempre a las fuentes de energía, la orientación hacia las fuentes de energía descentralizadas conduce a una descentralización. La economía solar mundial hará técnicamente imposible la concentración de los recursos y de los capitales. Por el hecho que los recursos solares son inagotables, la posibilidad de un modo de civilización durable puede entonces desarrollarse. Como no se puede privatizar el sol, nadie podrá amenazar los elementos de este modelo de civilización.

El resultado es un aumento de la libertad individual, social y económica, que no impide la libertad del otro. La orientación hacia la economía solar mundial exige una segunda revolución industrial, que por otra parte debe ser una revolución técnica de la energía. Ella hará avanzar las ventajas de la primera revolución industrial pero superará sus inconvenientes vitales. Permite generalizar la evolución técnica industrial de las fuerzas de productividad para el conjunto de la humanidad." (Hermann Scheer (1944-2010), Expresidente de la Asociación europea por la energía solar Eurosolar, galardonado con el premio Nobel alternativo 1999, miembro y diputado del SPD).

En esta visión de la historia, la revolución industrial se hace con las fuentes de energía fósiles, primero el carbón (por la "primera" revolución industrial), luego el petróleo (por la "segunda") con la consecuencia inducida de la liberación de gas carbónico. Aquí nos hallamos tan sólo ante una historia de la energía independiente de toda historia de los modos de producción, de las relaciones entre las clases y de las formas de explotación. En el límite, la invención del fuego se ve como un uso de la biomasa para producir energía. Todo el arco histórico de la especie humana se resume en una evolución y un dominio de las fuentes de energía. La lucha multi-milenaria del hombre por el dominio de la naturaleza y su elevación al umbral en el que una sociedad sin clases se hace no sólo posible sino necesaria es tan sólo un momento de la historia de la economía fósil, y la historia de la especie una actividad contaminadora. La relación entre modo de producción capitalista y destrucción de la naturaleza no se pone de relieve, en provecho de modas vegetarianas, anti-vivisección, de rechazo de las diferencias cualitativas entre la especie humana y las otras (anti-especismo).

"El trabajo comienza con la elaboración de instrumentos. ¿Y qué son los instrumentos más antiguos, si juzgamos por los restos que nos han llegado del hombre prehistórico, por el género de vida de los pueblos más antiguos que registra la historia, así como por el de los salvajes actuales más primitivos? Son instrumentos de caza y de pesca; los primeros utilizados también como armas. Pero la caza y la pesca suponen el tránsito de la alimentación exclusivamente vegetal a la alimentación mixta, lo que significa un nuevo paso de suma importancia en la transformación del mono en hombre. El consumo de carne ofreció al organismo, en forma casi acabada, los ingredientes más esenciales para su metabolismo. Con ello acortó el proceso de la digestión y otros procesos de la vida vegetativa del organismo (es decir, los procesos análogos a los de la vida de los vegetales), ahorrando así tiempo, materiales y estímulos para que pudiera manifestarse activamente la vida propiamente animal. Y cuanto más se alejaba el hombre en formación del reino vegetal, más se elevaba sobre los animales. De la misma manera que el hábito a la alimentación mixta convirtió al gato y al perro salvajes en servidores del hombre, así también el hábito a combinar la carne con la dieta vegetal contribuyó poderosamente a dar fuerza física e independencia al hombre en formación. Pero donde más se manifestó la influencia de la dieta cárnea fue en el cerebro, que recibió así en mucha mayor cantidad que antes las substancias necesarias para su alimentación y desarrollo, con lo que su perfeccionamiento fue haciéndose mayor y más rápido de generación en generación. Debemos reconocer -y perdonen los señores vegetarianos- que no ha sido sin el consumo de la carne como el hombre ha llegado a ser hombre; y el hecho de que, en una u otra época de la historia de todos los pueblos conocidos, el empleo de la carne en la alimentación haya llevado al canibalismo (aún en el siglo X, los antepasados de los berlineses, los veletabos o vilzes, solían devorar a sus progenitores) es una cuestión que no tiene hoy para nosotros la menor importancia.

El consumo de carne en la alimentación significó dos nuevos avances de importancia decisiva: el uso del fuego y la domesticación de animales. El primero redujo aún más el proceso de la digestión, ya que permitía llevar a la boca comida, como si dijéramos, medio digerida; el segundo multiplicó las reservas de carne, pues ahora, a la par con la caza, proporcionaba una nueva fuente para obtenerla en forma más regular. La domesticación de animales también proporcionó, con la leche y sus derivados, un nuevo alimento, que en cuanto a composición era por lo menos del mismo valor que la carne. Así, pues, estos dos adelantos se convirtieron directamente para el hombre en nuevos medios de emancipación. No podemos detenernos aquí a examinar en detalle sus consecuencias indirectas, a pesar de toda la importancia que hayan podido tener para el desarrollo del hombre y de la sociedad, pues tal examen nos apartaría demasiado de nuestro tema.» (*Engels, el papel del trabajo en la transformación del mono en hombre*).

Los trabajos más recientes sugieren que una de las características de la separación de los australopitecos en dos líneas procede del régimen alimenticio. «Desde el fin de los años 30, son descubiertos regularmente fósiles de homínidos en África del Sur. Los australopitecos prosperaron ahí antes que los parántropos y los Homo. Pero todos estos restos provienen de los mismos yacimientos arqueológicos. Un equipo de geoquímicos y de biólogos ha conseguido reconstruir las tendencias alimentarias de estos tres géneros de homínidos.

Para ello, se han interesado en el estroncio y el bario contenidos en el esmalte de los dientes de los fósiles de varios de estos individuos. Cuanto más elevada es la posición de un mamífero en la cadena alimentaria, más disminuye el contenido en estos dos elementos en sus tejidos biológicos, también en el de esta parte de los dientes. La originalidad del estudio está en el modo en que los investigadores han utilizado la técnica de ablación laser qui ha servido para establecer estas medidas. Esta se ha hecho orientando el haz laser a lo largo de los prismas de crecimiento del esmalte dentario, lo que ha permitido reconstituir los cambios de alimentación de cada individuo en el curso de un período de su vida. El resultado muestra que los australopitecos tenían una alimentación mucho más variada que los dos otros tipos de homínidos. Los parántropos eran decididamente herbívoros, como dejaba ya pensar el estudio de su anatomía facial y dentaria, y los Homo más bien carnívoros.

Los investigadores han medido igualmente la composición isotópica del estroncio contenido en estas muestras. Este parámetro es característico del substrato geológico sobre el que viven los animales. Y ahí de nuevo, la conclusión es incontestable : todos los homínidos estudiados vivieron en la misma región, no lejos de las grutas en las que se les encuentra hoy fosilizados.

Las piezas del puzzle ecológico se ponen en su lugar. Hace unos 2 millones de años, los australopitecos, con comportamientos «oportunistas » (que se nutrían de lo que encontraban: carcasas de animales, bayas, etc.) ceden el lugar a los los parántropos y a los Homo, cada uno de ellos más « especialista » que su ancestro común. En efecto, los parántropos consumían únicamente los vegetales que podían ser muy coriáceos (raíces, bulbos) mientas que los *Homo*, ayudados probablemente por sus instrumentos líticos, se nutrían principalmente de la caza. Estas dos especies cohabitan durante cerca de un millón de años hasta que los primeros desaparecieron por una razón desconocida.» (CNRS, 7 août 2012, http://www2.cnrs.fr/presse/communique/2741.htm)

Ahí no hay ninguna necesidad de revolución social para liberar las fuerzas productivas, basta con que la especie humana se dé cuenta del peligro del agotamiento de los recursos naturales, que se vuelva hacia la explotación de nuevas formas de energía para restablecer los equilibrios naturales. Nuestros adversarios dan muestra de una ceguera espantosa en lo que se refiere a la definición de las relaciones de producción capitalista; decir que el sol es gratuito y que no puede ser apropiado, es olvidar el hecho de que para captar su energía se precisan infraestructuras técnicas. Es decir, que en el modo de producción capitalista es necesario el avance de capital constante. Trabajo humano para instalarlas, vigilarlas y mantenerlas es también necesario. Es decir, que hay que avanzar capital variable. Y la clase que avanza estos capitales y tiene su monopolio es la capitalista. Para estas instalaciones, es necesario generalmente un suelo, que puede ser monopolizado y pertenecer a los propietarios de la tierra. Mas, como ya sabemos, el objetivo de la producción capitalista, produzca energía verde o que esta producción se base en fuentes de energía fósiles, es producir un máximo de plusvalía. Al situarse por encima de las clases en lucha, la ideología ecologista tan sólo tiende a la conservación del modo de producción en vigor.

Dos igual a tres

Hay por fin una última categoría de actores. Son más viejos que los farsantes mercaderes de la revolución de Internet, que son sin embargo, en cierto modo, sus herederos necios y mercenarios. Se trata de los pensadores de una segunda revolución industrial ligada a la cibernética. Entre ellos encontramos uno de los fundadores de esta disciplina y uno de los padres de la teoría de la información, Norbert Wiener. "(…) Parece, como remarca Norbert Wiener, que estemos ahora en el principio de una "segunda revolución industrial", comparable a aquella de la que el siglo pasado fue testigo. Esta revolución resulta de las aplicaciones de la cibernética: mientras que la primera revolución industrial acompañó la introducción de métodos más cómodos de obtención de la energía, la segunda tiene por origen las nuevas facilidades que se hallan en la realización automática de ciertos procesos mentales (…). (Robert Vallée, 1952, fundador en 1950 del círculo de estudios cibernéticos).

Volveremos sobre la cibernética en la parte destinada a la "tercera revolución industrial"

La cibernética, como la inteligencia artificial, comete el error filosófico y metodológico de confundir el pensamiento con el cálculo y, por consiguiente, acaba comparando el ordenador con el cerebro. Esto nos lleva a una crítica de las concepciones burguesas del automatismo y de la automatización que no tenemos ahora el tiempo de hacer –aparte de algunos elementos abordados en el capítulo siguiente- pero que es una tarea importante en el trabajo de defensa y desarrollo de la teoría comunista.

Habiendo perdido el análisis todo rigor, como hemos mostrado, desde que se empieza a numerar la serie "de las" revoluciones industriales, se deriva una confusión y una cierta intercambiabilidad entre las características de la "segunda" y de la "tercera" revolución industrial, ver la autollamada "cuarta". Por eso vemos ya apuntar aquí los argumentos que son retomados por los partidarios de la "tercera revolución" industrial o tecnológica, que examinaremos en el capítulo siguiente.

Para concluir este punto, cualquiera que sea la manera como se represente esta "segunda revolución industrial" vemos que ella es de entrada hostil al comunismo revolucionario, ya se presente como un concepto para banalizar el concepto de revolución industrial y hurtarle toda carga revolucionaria, ya como un argumento mercantil, o como la nueva edad de oro que permita un desarrollo armonioso del capitalismo sin necesidad de recurrir a los métodos defendidos por el socialismo: revolución social y dictadura revolucionaria.

La cuestión vista por el marxismo

Esto no significa no obstante que no haya ciertos períodos en que el cúmulo de invenciones o una invención específica, de descubrimientos, de realizaciones científicas, no revistan una significación especial. El socialismo tiene una idea sobre la clasificación de estos resultados, pero como veremos, no en relación con una enumeración de descubrimientos, y menos aún, en relación con una historia de las fuentes de energía.

Marx (muerto en 1883), y más aún Engels (muerto en 1895) han sido testigos de esta "segunda revolución industrial". Mientras que ellos fundaron científicamente el concepto de "revolución industrial", de origen socialista, no se precipitaron a declarar que ahí había una *segunda* revolución industrial. No porque ignoraran las invenciones citadas por los historiadores –Engels, por ejemplo, hace una crítica en regla de las concepciones empiristas estrechas sobre la electricidad, y Marx y Engels se entusiasmarán por el transporte a distancia de la electricidad (Desprez), la aplicación de la química a la producción (Liebig)...- pero por la buena razón de que estos fenómenos, conocidos en vida suya, no hacían sino realizar cada vez más el concepto establecido previamente. En la realización de este concepto, la electricidad tiene un sentido específico, y desde este punto de vista señala un salto cualitativo, pues anuncia la utilización de todas las formas de la energía. Ella prosigue pues, haciéndole dar un salto cualitativo, el movimiento inducido por la máquina de vapor, que como hemos visto concernía a una parte del maquinismo (el motor)

"El tumulto suscitado a propósito de la revolución electrotécnica es, para Viereck, quien no comprende absolutamente nada sobre el asunto, un simple reclamo para el opúsculo que él publicó. Sin embargo el tema es altamente revolucionario. La máquina de vapor nos ha enseñado a transformar el calor en movimiento mecánico, pero con la utilización de la electricidad se abre la puerta a todas las formas de energía: calor, movimiento mecánico, electricidad, magnetismo, luz, pudiendo cada uno ser transformado y retransformado en otro de ellos, y utilizado industrialmente. El círculo se cierra. La última invención de Deprez, que la corriente eléctrica de muy alta tensión puede ser transportada con pérdidas de energía relativamente mínimas mediante simples hilos telegráficos hasta distancias impensables hasta entonces, siendo susceptible de ser utilizada al final –bien que la cosa sólo se de en germen- libera definitivamente a la industria de casi todas las barreras locales, hace posible la utilización de las fuerzas hidráulicas extraídas de los rincones más alejados, e incluso, si bien esto sólo aprovechará al principio a la *ciudades*, acabará por convertirse en la palanca más potente de la abolición del antagonismo entre ciudad y campo[28]. Es evidente

---

[28] Es en este sentido que Lenin hablaba de la electrificación conectada al poder de los soviets. Los de espíritu maligno se mofaban de la fórmula ¡« el comunismo es los soviets más la electricidad »! ¡Qué prosaico, qué falta de romanticismo ! Pero Lenin habla de la electrificación, como medio de desarrollar la industria y de llevar a Rusia al mismo nivel de desarrollo técnico que los países capitalistas avanzados.

que, también por esto, las fuerzas productivas tendrán una extensión tal que se deslizarán más y más rápidamente de las manos de la burguesía en el poder. Este espíritu limitado de Viereck tan sólo ve un nuevo argumento para sus queridas estatalizaciones: lo que la burguesía no puede, es Bismarck quien debe realizarlo." (Engels a Bernstein, 28 de febrero-1 de marzo de 1883, La socialdemocracia alemana).

Al mostrar la importancia de la electricidad, no debe deducirse que la ruptura tecnológica traduzca por ello una ruptura conceptual. En efecto, cada nuevo progreso de la fuerza productiva del trabajo, de la ciencia y de la tecnología realiza cada vez más el concepto de revolución industrial. Y como siempre, el progreso de las fuerzas productivas es a la vez sinónimo de explotación incrementada y de potencial de liberación. El curso abierto por la revolución industrial acompaña todo el desarrollo capitalista hasta su superación revolucionaria.

« El comunismo supone el poder de los Soviets a título de órgano político, dando a las masas oprimidas la posibilidad de cogerlo todo en sus manos. Vemos la prueba de ello en todo el universo, pues la idea del poder de los Soviets y su programa consiguen una victoria indiscutible en todas partes. Lo vemos aún en cada episodio de la lucha contra la 2ª Internacional, sostenida únicamente por la policía, los clérigos y los viejos funcionarios burgueses del movimiento obrero. Pero esto es el lado político. La base económica será asegurada solo cuando se concentren realmente en el Estado proletario de Rusia todos los hilos de la gran máquina industrial construida de conformidad con la técnica moderna. Ello supone la electrificación, y en esto hay que comprender las condiciones fundamentales necesarias para la aplicación de la electricidad, y en consecuencia la industria y la agricultura. » (Nuestra situación exterior e interior y las tareas del partido, Conferencia de la provincia de Moscú del PC(b)R, 21 noviembre de 1920 - https://www.marxists.org/francais/lenin /works /1920/11/ vil19201121.htm

La "tercera revolución industrial".

Recuerdo para los que no han comprendido bien

Como hemos visto, para el socialismo científico, la característica de la revolución industrial es que la mano es apartada del proceso productivo. La idea de automatización de la producción está pues de entrada incluida en el concepto.

En el curso de un debate, un camarada nos opuso un día la persistencia del trabajo manual, su realidad en la sociedad actual, y argumentó a partir de su propia experiencia y su aprendizaje de tornero y de ajustador fresador. El argumento merece ser analizado, tanto más cuanto que el socialismo ha hecho siempre de la abolición de la diferencia entre trabajo manual y trabajo "intelectual" un objetivo histórico de su acción[29].

Como sabemos, un concepto no se realiza instantáneamente. No porqué se haya supuesto, conceptualmente, que la máquina suplanta al hombre en el proceso productivo, toda la producción se realiza automáticamente de inmediato. Esta representación del proceso abierta por la revolución industrial supone un hombre sentado, que solo tiene que mirar un montón de objetos acumularse ante sus ojos para ser escogidos, transportados, preparados y directamente puestos en la boca.

Además de que un grado de automatización elevado implicaría que la producción capitalista hubiera desaparecido y de que una representación de una sociedad enteramente automatizada es

---

[29] La mera distinción muestra el desprecio que el pensamiento burgués tiene por el trabajo manual. Como si levantar un muro, construir una casa o cortar una pieza de tejido no necesitara la inteligencia, el cálculo de la anticipación, la precisión, en resumen, todas las capacidades intelectuales requeridas igualmente para escribir un artículo o planificar una operación.

obviamente absurda[30], esto es ignorar lo que significa un concepto.

Éste se realiza en el tiempo. La realidad se acerca al concepto sin alcanzarlo jamás, del mismo modo que el concepto tiende hacia la representación de la realidad sin alcanzarla completamente; él también debe evolucionar para acercarse a la realidad. En otras palabras, los que vemos efectuarse bajo nuestros ojos, con la movilización a la vez sucesiva y simultánea de ciencias diferentes, y que los historiadores burgueses se apresuran en calificar de "revoluciones tecnológicas", es la realización del concepto "revolución industrial" iniciada a partir de 1735.

Nuestro camarada tornero fresador se podría haber preguntado porque había aprendido y porqué ya no practicaba. Cuando aprendía torneado, había que fijar la pieza sobre el mandril con la ayuda de una llave que se manejaba con la mano. A continuación, había que elegir la herramienta y fijarla sobre el soporte después de asegurarse de la calidad de su filo. El tornero definía la velocidad del corte, vertía el aceite del corte y guiaba la herramienta definiendo la profundidad del golpe así como la forma a dar a la pieza. La mano era ya eliminada de la fabricación, del torneado propiamente dicho; era la máquina-herramienta, el torno, quien se encargaba de él. Igualmente, un motor eléctrico dispensaba a la mano u otra fuerza de intervenir. Tan sólo quedaba guiar la herramienta y servir a la máquina. Con las máquinas de control numérico se franquea una nueva etapa. Es el autómata programable quien se encarga, a partir de datos entrados por el operador, de guiar la máquina-instrumento. Pero

---

[30] Sin embargo está en la base de la representación de numerosos grupos pequeño burgueses, que se imaginan el comunismo como un gran concierto de rock. Esta representación de la sociedad futura es característica de la clase del trabajo improductivo, que al no comprender, por el hecho de su improductividad, porque ella debe proporcionar una contrapartida social para consumir, desea librarse de ello.

al mismo tiempo hay necesidad de menos torneros, y sus competencias deben evolucionar. Este fenómeno, con la concurrencia de otras formas de fabricación o producción de las piezas, de la puesta en marcha de nuevos materiales – como el plástico- que substituyen al acero, explican porque numerosos individuos se han quedado tan solo en el estadio de la formación o han debido reconvertirse[31,] mientras que la productividad del trabajo daba nuevos pasos adelante. Con "la fábrica 4.0" [32] una nueva promesa tiene lugar; el cliente final o su representante define la pieza que desea vía logiciales de modelización. Vía Internet, el modelo es realizado y transmitido a la máquina, que lo ejecuta. Personalización impulsada y producción de masa se interpenetran cada vez más, mientras que la productividad del trabajo progresa y las competencias antiguas son nuevamente atropelladas.

El modo de producción capitalista, al interesarse en los individuos sólo en la medida en que puede sacarles un provecho bajo la forma de valor extra producido durante su tiempo de trabajo no pagado, no tiene nada qué hacer con lo que se convierten estos mismos individuos cuando un hecho tecnológico hace brutalmente obsoletas sus competencias iniciales y su conocimiento adquirido. Ellos aumentan el

---

[31] La industria francesa de la máquina-herramienta, en la medida en que no ha sabido aliar su experiencia mecánica tradicional con las nuevas capacidades de la electrónica ha sido suplantada por sus competidores. Lo mismo vale para la relojería.

[32] Se designa con esto – con la necia costumbre que consiste en adelante en numerar sistemáticamente los conceptos del mismo modo que las versiones de logiciales informáticos – el control de las actividades de producción y la intercomunicación entre las máquinas, las mercancías en curso de producción, los materiales, los captadores, según la lógica de « el internet de los objetos » y del « Big Data ».

Cf – entre otros - http://www.lesechos.fr/08/10/2013/LesEchos/21 538-048-ECH_l-usine-4-0--nouvelle-revolution-industrielle.htm

numeroso ejército de los dejados de lado por el progreso. Una sociedad comunista afrontará de otro modo estas cuestiones, dando un lugar importante a la formación polivalente y completa de los individuos, no sólo sobre los aspectos técnicos propios a un momento dado de tal o cual desarrollo tecnológico, sino principalmente sobre todas las capacidades de desarrollo de sus propios recursos para abordar la evolución de las situaciones, de dotarse de nuevos saberes teóricos y prácticos, de construir una visión de conjunto del proceso productivo, etc.

Un concepto nacido muerto y fuente de confusión intelectual

Podríamos preguntarnos si es realmente útil destinar un capítulo específico a criticar el concepto de "tercera" revolución industrial, dado que este concepto parece ya arruinado de antemano, y habida cuenta de lo que hemos desarrollado en los dos capítulos precedentes.

La tercera revolución industrial se presenta, lógicamente, a continuación de la segunda, habría dicho Monsieur de La Palice[33]. Sin embargo, hemos mostrado ampliamente, al analizar los resortes del concepto de "segunda revolución industrial", que no tenía razón de ser, que no tenía ninguna base histórica ni científica sólida, y que en el fondo tenía un solo objetivo: rebajar la teoría revolucionaria al rango de un evolucionismo tecnológico grosero, criticar astutamente, desvalorizándolo, el concepto de revolución industrial elaborado por el socialismo científico. Hemos puesto en evidencia igualmente que cuando ha habido una singularidad, como la electricidad, la concepción materialista de la historia la había tenido en cuenta.

---

[33] Personaje francés a quien se atribuyen perogrulladas: http://es.Wiki pedia.org/wiki/Jacques de la_Palice

Hemos mostrado igualmente que esta idea de una "segunda" revolución industrial estaba lejos de ser unánime, ya se trate de su contenido o de su periodización. Así, para algunos, data del fin del siglo XIX, con la electricidad, mientras que para otros, de mediados del siglo XX, con la electrónica. Así que lo que es ya la tercera para otros es tan solo la segunda para otro. Y dejamos de lado aquéllos para los que aún está por llegar.

Queda por analizar, sin embargo, los argumentos de los defensores de una segunda revolución industrial (o tercera, según la clasificación moderna) cuyos fundamentos teóricos datan de 1940. Sin embargo, sin prejuzgar la especificidad del punto de vista que será defendido especialmente por la cibernética, debemos recordar que el concepto de segunda revolución industrial no ha sido aplicado al período abierto a finales del siglo XIX sino hasta mucho después. En efecto, esta concepción aparece tras la segunda guerra mundial. La supuesta tercera revolución se lanzaba cuando la segunda aún no había sido reconocida···

Así, como en el caso de la segunda revolución industrial, y a una escala aún superior, la idea de una tercera revolución industrial es planteada igualmente bajo el signo de la confusión intelectual[34]. Además, nada hace pensar que podía ser de otro modo.

---

[34] Esta confusión intelectual, por desgracia, influencia igualmente los esqueléticos rangos del movimiento comunista o lo que queda de él. Una primera versión de los textos que componen este libro han sido antes difundidos y generalizados en el círculo del « Réseau de discussion international » que ha funcionado desde 2000 hasta el principio de los años 2010 y en el cual se expresaban toda clase de opiniones idiotas sobre internet, las redes y su carácter de innovación tecnológica « revolucionaria ». De ahí nuestro trabajo de represa y restauración de estos conceptos desde el punto de vista del comunismo revolucionario.

Para la mayoría de los comentaristas, dos cambios cualitativos permiten afirmar que vivimos una nueva "revolución tecnológica":

1° El ordenador, que suple o "aumenta las capacidades propias del cerebro humano: la memoria, la toma de decisiones en función de parámetros, etc. Es una convulsión total en relación con el pasado"

2° "El desarrollo de la comunicación aportado por la red Internet"

Mientras que, como hemos visto en Marx, el fenómeno del maquinismo marcó una ruptura cualitativa y fundaba un verdadero concepto, a quí no hay nada de eso.

Bien entendido, no se trata de una idea propia del movimiento comunista. Más bien traduce la permeabilidad de éste a los lugares comunes de los que la burguesía nutre su ideología.

Por ejemplo, citando al azar, Henri Weber, ex dirigente trotskista y senador del Partido socialista francés, considera con gusto que entre las cuatro « tendencias pesadas del capitalismo avanzado » que « hoy en día golpean de pleno con su látigo el compromiso socialdemócrata de 1945 y le fuerzan a transformarse. » deben citarse :

« La nueva revolución tecnológica, de entrada, impone la modernización acelerada de las economías occidentales, su redespliegue hacia las industrias punta y los servicios con alto valor añadido. Este redespliegue exige grandes esfuerzos de adaptación, de innovación, de creatividad por parte de los jefes de empresa y de los Estados, pero también por parte de los mismos asalariados. Él llama pues al replanteo de hábitos y ventajas adquiridos. El *statu quo* es imposible, la nivelación por abajo es inadmisible, en sociedades ricas y que continúan enriqueciéndose. El problema de la izquierda es el de definir e imponer una adaptación por arriba, que conserve y consolide nuestros estándares sociales sin entorpecer las iniciativas. » Henri Weber. El porvenir de la socialdemocracia. Le Monde, 3 de diciembre de 1997)

Un buen número de años separa los dos fenómenos evocados aquí, incluso teniendo una relación evidente en la medida en que Internet, en sus formas más modernas, como la web, constituye una realización de las promesas de la informática. Para otros, son el transistor y el microprocesador los vectores de una nueva revolución tecnológica. Se nota el deslizamiento semántico. Pasamos de una revolución "industrial" a una revolución "tecnológica". El punto de vista del productor se difumina ante el del consumidor. Ahíta de productos *high tech*, la clase media improductiva se espanta y se divierte ante los milagros de la tecnóloga. Sean los que fueren los marcadores puestos por delante para esta nueva revolución, somos reenviados al ordenador y a la naturaleza claramente afirmada de su carácter antropomórfico, prolongación del cerebro.

Con la asimilación del pensamiento al cálculo y del cálculo al pensamiento se levanta ante nosotros el gran ejército de la metafísica. Es un ejército potente que reúne los más bellos espíritus de la clase dominante como su ganga intelectual: periodistas mercenarios, abogados corruptos, sabios decrépitos, consultores desgraciados, charlatanes especuladores, ingenieros poco ingeniosos, psicólogos idiotas, estudiantes perezosos, investigadores sin futuro, inventores de domingo, filósofos aburridos,...Regularmente batido en campo raso, el ejército de la metafísica cae à tierra, pero no se desarma, no se desacopla, no desfallece. Apenas dispersado, se rehace sobre una base más amplia. Él continua de mal en peor, de Guatemala a Guatepeor, de derrota en derrota, una masa creciente de creyentes hipnóticos que solo el fuego de la revolución hará pestañear.

El ordenador moderno vio la luz con la segunda guerra mundial. Su ancestro existe ya en el siglo XIX. El ordenador moderno nace bajo los auspicios de la metáfora del cerebro. Los sablazos a la biología, al mundo de lo vivo, y al antropomorfismo son considerables: el *cerebro* para el ordenador o el procesador, la *memoria* para las unidades de almacenaje temporal o permanente de la información, la red *neuronal,* el *chip*, el *ratón*, el *clon,* sin olvidar el *virus* o el *gusano*. En el mismo movimiento per de sentido inverso, la biología toma a su vez términos de la informática y de las teorías de la información o de la cibernética: "*programa* genético", "*señal*", entre otros ejemplos, que son otros tantos préstamos que la conducen a impasses teóricos[35].

El ordenador, una realización moderna para un proyecto antiguo

El ancestro del ordenador

Los defensores de la "tercera" revolución industrial (a menos que sea la "segunda") hacen del ordenador una invención mayor que justifica, según ellos, esta ruptura en le numeración. Recordemos que en inglés la máquina que llamamos "ordenador" se llama *computer*, calculador, y que se trata de buscar como automatizar los procedimientos de cálculo que ya habían sido mecanizados desde Pascal con las primeras máquinas de calcular.

El ancestro del ordenador propiamente dicho está presente ya desde el siglo XIX. Desde la revolución industrial, iniciada en el siglo XVIII, se plantea ya, desde lo que significa la eliminación de la mano del proceso productivo, la automatización del trabajo intelectual (cf. Leibniz). Bien pronto nacen la máquina de calcular, inventada por Pascal, o el sistema de Jacquard[36] a base de cartas perforadas que prefiguran las calculadoras modernas. Sin embargo, el primer gran ancestro del ordenador es debido a Charles Babbage, que figura en un puesto importante entre los teóricos del maquinismo criticados por Marx en el "Capital".

---

[35] cf. Ni dios, ni genes (Jean-Jacques Kupiec y Pierre Sonigo); La música de la vida (Denis Noble).

[36] Incluso antes de la revolución industrial, Basile Bouchon inventa (1725) una cinta perforada para programar un telar. Perfeccionado en 1728 por su asistente, Jean-Baptiste Falcon, la invención será retomada por Jacquard. (Wikipedia)

La realización de tablas de logaritmos y de trigonometría fiables era un problema creciente con el desarrollo de las necesidades generadas por la astronomía, la navegación, la artillería, el cálculo financiero, etc. Centros de cálculos importantes[37] se constituyeron empleando numerosas personas cuya función era calcular dichas tablas. Estos calculadores (en inglés *computer*) lo hacían a menudo por partida doble, para limitar errores.

Molesto por las numerosas faltas que encontraba en las tablas y experto al frecuentar tales centros de cálculo, Charles Babbage concibió una máquina susceptible de realizar automáticamente cálculos sobre las diferencias finitas[38] y de preparar su impresión con vistas a suprimir las faltas que surgiesen a lo largo de la cadena de producción. Fue incapaz de acabarla, pero ha sido restaurada, en el marco de los conocimientos mecánicos de la época (concepto siempre ambiguo), y está expuesta en el museo de las ciencias de Londres.

He aquí lo que decían sus contemporáneos de las perspectivas abiertas por Babbage. "En otros casos, los esquemas mecánicos substituían instrumentos más simples o por trabajo manual por máquinas…Pero la invención de la que hablo…substituye la actividad intelectual por capacidades mecánicas."…"La invención de M. Babbage pone una máquina en el lugar del calculador" Henri Colebrooke, presidente de la sociedad de astronomía.

Estamos en 1824, y esto muestra que no se puede disociar el efecto del maquinismo sobre el trabajo manual (la eliminación gradual de la mano del hombre del proceso de trabajo inmediato) y sobre el trabajo intelectual, con la eliminación del cerebro del proceso productivo. Está claro que esto se da dentro de unos

---

[37] Es significativo que uno de estos centros de cálculo que empleaba cerca de 80 personas fue nombrado la « manufactura de logaritmos »

[38] Es el método utilizado para este tipo de cálculo; de ahí su nombre : «máquina diferencial »

límites, la máquina no es capaz de substituir la riqueza del pensamiento dialéctico que despliega el hombre en su reflexión colectiva, pero puede reemplazarle e incluso realizar actividades que están fuera de su alcance cuando proceden del cálculo y la lógica formal o pueden ser reducidas a ellos.

Babagge estaba aún luchando en la realización de su máquina cuando conoció a Ada Lovelace, hija de Lord Byron, cuyo apellido va a servir, más adelante, y para rendirle homenaje, de nombre a un lenguaje informático. De su encuentro nació la idea de una máquina universal capaz de efectuar toda clase de cálculos por cambio de programa. La "máquina analítica" había nacido. Ella tiene todos los órganos del ordenador moderno. Pero donde el metafísico moderno ve una *memoria*, Babbage veía un almacén, y en lugar del procesador, el *cerebro* de la metafísica actual, situaba un molino. También en este caso, Babbage no llegó a acabar su máquina (que está igualmente expuesta en el museo de las ciencias de Londres, habiendo conseguido hacerla funcionar parcialmente su hijo). Más allá de las dificultades financieras y de organización, debe verse en estos fracasos una manifestación de los límites de la mecánica para la realización de cálculos[39]. La concepción de Babbage separaba igualmente los datos y los resultados de las instrucciones programadas. Si la dialéctica no separa el efecto y la causa, el proceso y el resultado, la metafísica sólo asimilará parcialmente este modo de ver bajo la forma de retroacción. Con este concepto, datos y órdenes ya no estaban separados, teniéndose así en cuenta el resultado de los cálculos sobre la orden.

---

[39] Aún si varias décadas más tarde se consiguió reconstituir la máquina de Babbage en los límites del saber de la época (experiencia siempre ambigua, pues siempre se apoya en el saber actual), no debe verse únicamente como un azar el hecho de que Babbage se enfadara con su mecánico.

Nuestra vieja enemiga la metafísica y sus avatares.

Incluso antes del nacimiento del ordenador stricto sensu, sus fundamentos teóricos, tal como se los representan los metafísicos, estaban ya muertos.

Sin embargo, las ambiciones de la lógica formal no habían sido nunca tan grandes en este fin del siglo XIX. Lo eran a la medida de las amenazas que pesaban sobre ella. La geometría de Euclides era el modelo de la coherencia en el universo de las matemáticas. A partir de un pequeño número de axiomas, ellos mismos de acuerdo con la intuición y el sentido común, se demostraban teoremas que servían a su vez para fundar otros teoremas. La emergencia de una geometría no euclídea (Bolyai, Lobatchevski, Riemann y, antes que ellos, Gauss) vino a romper este dispositivo. Todas las esperanzas no estaban necesariamente perdidas. La geometría se salvaba. ¿La aritmética no podía ser una tabla de salvación y permitir esta fundación? La aritmética de conjuntos parecía, con Georg Cantor, haber obtenido una gran victoria, algunas veces, en parte, contra la intuición[40]. Cantor había clasificado los infinitos. Había planteado el conjunto del infinito discreto, numerable (1, 2, 3..., el conjunto de los números enteros, o mejor, de los números racionales) delante del infinito supuesto continuo (conjunto de los números reales) y admitido la existencia de otras clases de infinitos. ¿Había otro infinito entre el discreto y el supuesto continuo? Todo el resto de su vida Cantor intentará demostrar que no lo había. La cuestión lo obsesionará hasta el punto de contribuir en su caída hacia la locura. Sin embargo, la teoría era atacada. Estaba lejos de conseguir la unanimidad en la comunidad matemática. David Hilbert, el pope de las matemáticas de la época, que lo reconocía

---

[40] «Lo veo pero no lo creo», escribía a su amigo Dedekind, cuando le mostraba que había tantos puntos en un cuadrado como en uno de sus lados.

como el descubrimiento más fundamental de su tiempo, no quería ser expulsado de este nuevo paraíso.

Hilbert prosiguió el trabajo emprendido doscientos cincuenta años antes por René Descartes y Pierre de Fermat y desarrolló una axiomática formal que permitía reducir la geometría a la aritmética. Por su lado, Frege hizo un esfuerzo considerable para racionalizar la simbólica y la axiomática.

Se acababa el siglo cuando, en el congreso de matemáticas de París, Hilbert planteó 23 cuestiones, otros tantos desafíos, a los matemáticos del siglo XX[41]. Para Hilbert, se trataba de asentar las

---

[41] Los matemáticos de hoy en día han retomado esta tradición. Las dos listas más célebres son las del Institut Clay (7 cuestiones primadas con 1 millón de dólares). Una de ellas, la conjetura de Poincaré, fue resuelta por Grigori Perelman, que rechazó el premio y la medalla Fields (una forma de premio Nobel de las matemáticas). La otra lista (18 cuestiones), que se superpone parcialmente a la primera, la estableció Stephen (Steven) Smale (Medalla Fields en 1966). Entre las 18 cuestiones, hay una de la que el marxismo conoce ya la respuesta: ¡Bullshit!

Marx remarcaba que el carácter metafísico del pensamiento de los científicos salta a la vista cuando dejan el dominio de su competencia para aventurarse en otros territorios. La cuestión de Smale trata sobre la introducción de la dinámica en la teoría económica:

"El problema siguiente no compete a las matemáticas puras, sino que se encuentra en la interfaz de la economía y las matemáticas. Solo ha sido resuelto en casos muy particulares. Extender el modelo matemático de la teoría del equilibrio general para incluir los ajustes de precios.

Hay una teoría (estática) del equilibrio de los precios en economía que comenzó con Walras y que se enraiza en la obra de Arrow y Debreu (Ver [Debreu, 1959]). El caso trivial de un solo mercado se conduce a la ecuación "oferta igual a demanda", y encuentra fácilmente una dinámica natural [Samuelson, 1971]. Para varios mercados, la situación es compleja. (...).

matemáticas, de mostrar su coherencia[42]. La primera cuestión era destinada al infinito cantoriano y la segunda trataba de demostrar que la aritmética era coherente (consistente) es decir, para simplificar, demostrar que a partir de un juego de axiomas no se podía probar una cosa y su contraria, que estábamos en un sistema donde A es diferente de no A, lo que se llama también, en la lógica, el principio de identidad.

Apenas planteada la cuestión, algunas paradojas malévolas resquebrajaban el edificio, obligando en especial a Frege a poner una rodilla en tierra; lo que hizo con un estoicismo y una honestidad intelectual de lo más remarcable[43].

En el problema 8, se busca un modelo dinámico, cuyos estados son los vectores de precio (con una definición ampliada para incluir otras variables económicas). Esta teoría debe ser compatible con la ya existente de los equilibrios. Una característica agradable sería que la evolución de los precios en función del tiempo fuera determinada por las acciones individuales de los agentes económicos. He trabajado en este problema durante muchos años, pensando que era el problema principal de las ciencias económicas.".

Hilbert había querido axiomatizar la física, Smale querría hacer lo mismo con la economía. Nosotros le podemos garantizar el mismo resultado. Imaginar por un instante que una matematización más profunda de una teoría tan vulgar como la del equilibrio general de los precios pueda ser otra cosa que un emplasto en una pierna de madera (y lo que es más, llevaría a otros raciocinios aún más absurdos) sólo merece una sonrisa de conmiseración.

[42] « En todo problema matemáticamente definido, debe poder necesariamente establecerse con exactitud, sea bajo la forma de una respuesta a la cuestión que plantea, sea por la prueba que su solución es imposible » Hilbert, 1925

[43] « Un científico difícilmente puede hallarse enfrentado a algo más indeseable que a ver los fundamentos socavados cuando la obra está acabada. Es en esta posición que me ha puesto una carta de M.

En 1928, en el congreso de Bolonia, Hilbert proseguía su pregunta[44]. Tres años después, un joven matemático, Kurt Gödel, despacha la cuestión de Hilbert. La respuesta sorprende al mundo. A partir de un juego de axiomas dados, es posible que haya proposiciones indecidibles, que no puedan se probadas ni refutadas. Se da una incompletitud. Más tarde (Gödel, 1938 a 1940, Cohen, 1963) será demostrado que la hipótesis de Cantor pertenece a esta esfera de las proposiciones indecidibles.

La demostración de Gödel sonará la campana de las ambiciones del pensamiento metafísico[45] y favorecerá el deslizamiento del pensamiento burgués del materialismo burgués (como el positivismo) hacia el idealismo, su adhesión a un trémulo probabilismo[46] y a reforzar la idea de que el conocimiento estaba intrínsecamente fuera del alcance del hombre[47].

Bertrand Russell, en el mismo momento en que el libro iba a ser puesto en la prensa. » (Gottlob Frege, 1902)

[44] En el tema de la decisión, Hilbert se pregunta si existe un procedimiento, un algoritmo, qui pueda ser aplicado a una proposición matemática con el fin de decidir si ella es verdadera o falsa.

[45] Como hemos dicho, la metafísica no se desarma jamás. En la portada de cubierta de Science et Vie, n°1013, de febrero de 2002, Jean-Louis Krivine, un lógico de primera línea a escala mundial (primo del trotskysta y del pianista, para la historia en pequeño), declara haber encontrado el secreto del pensamiento. Todo pensamiento es cálculo, y gracias al cálculo lambda, puesto a punto por Alonzo Church, es posible transcribir cualquier pensamiento. Tan sólo una pega: falta probar esta teoría. Apostamos a que esta prueba tardará, pues ella debería ser obtenida pasando sobre el cuerpo de la dialéctica, cosa que nunca ha conseguido la metafísica.

[46] La evolución de la física atómica iba a sumir también a la burguesía en la perplejidad. Pero una nueva concepción de la materia abría también posibilidades importantes tanto en el dominio del átomo como en el de la electrónica, para no citar más que estos dos. Por otra parte, es característico que la sexta cuestión de Hilbert: "¿Puede

Por su lado, las matemáticas, bajo el efecto de las diversas evoluciones tras el cuestionamiento de la geometría euclídea, se hundían en una abstracción cada vez mayor, aislándose y buscando continuamente autolegitimarse[48]. Antes que abrirse a la

---

axiomatizarse la física?", reveladora también del pensamiento metafísico, no haya sido para nada objeto de comentarios cuando no ha sido rápidamente expedida al olvido ante la evolución de la física (relatividad, mecánica ondulatoria, etc.)

[47] El hundimiento del marco de referencia de Hilbert le vale esta reflexión desengañada «Si el pensamiento matemático es deficiente, ¿dónde podremos encontrar la verdad y la certitud?». En el lenguaje del metafísico positivista anglosajón moderno que prosigue su lógica, recubierta con humor, hasta el absurdo, al siguiente resultado: «Si definimos una religión como un sistema de pensamiento que contiene afirmaciones indemostrables, entonces contiene elementos de fe, y Gödel nos enseña que las matemáticas son no sólo una religión, sino la única religión capaz de probar que es única» (John Barrow, astrofísico de gran notoriedad).

[48] La cuestión de los cimientos de las matemáticas, de los conjuntos, de la lógica, puede parecer una preocupación lejana e inofensiva de matemáticos. Esto sería olvidar que las escuelas matemáticas (y Francia está bien representada en este terreno) influyen sobre la enseñanza. Y un día nos encontramos con una reforma, de efectos más que suaves, de la enseñanza de las matemáticas, a base de « matemáticas modernas », en este caso de conjuntos, puesto que Nicolas Bourbaki, (seudónimo colectivo de un grupo influyente de matemáticos), como buen heredero de Hilbert, era partidario de asentar las matemáticas sobre la teoría de conjuntos. Sin embargo, un buen número de bourbakistas criticaron este punto de vista... comenzando por André Weil, quién firmará, en 1962, en los Estados Unidos, dónde fueron introducidas en primer lugar, un llamamiento contra la enseñanza de las matemáticas modernas en segundo grado (cf. http://michel.delord. free.fr/kline62fr.html). Añadamos que ni Hilbert ni Klein, de los cuales se reclamaban los partidarios de una enseñanza primaria basada en las matemáticas modernas han defendido tal perspectiva - Klein la ha

sociedad y tomar en cuenta sus límites, ellas se encierran en una abstracción cada vez mayor.

En este movimiento, los axiomas evolucionaban del rango de verdades evidentes al de hipótesis que pueden ser tomadas en consideración por el sólo hecho de su fecundidad[49].

No se trata aquí de una crítica de la abstracción como modo de conocimiento sino de la tendencia a abstraerse de la realidad, a buscar permanentemente una autolegitimación.

« Tan pronto como la matemática opera con magnitudes reales, aplica sin más esta manera de concebir. Para la mecánica terrestre, la masa de la tierra es ya una magnitud infinitamente grande, lo mismo que para la astronomía las masas terráqueas y los meteoros, correspondientes a

---

incluso condenado explícitamente – (cf. http://michel.delord .free.fr/ buisson book /intuition .pdf)

[49] En lugar de intentar demostrar dialécticamente los axiomas.

« Los llamados axiomas matemáticos constituyen las contadas determinaciones discursivas de que necesitan las matemáticas como punto de partida. Las matemáticas son la ciencia de las magnitudes; su punto de partida es el concepto de magnitud. El matemático define de un modo manco este concepto y añade luego exteriormente, como axiomas, las otras determinaciones elementales de la magnitud que no entran en la definición, presentándose así como determinaciones no demostradas y, como es natural, no demostrables tampoco matemáticamente. Un análisis de la magnitud nos aportaría todas estas determinaciones axiomáticas como determinaciones necesarias de aquélla. Spencer tiene razón cuando afirma que, al considerar nosotros estos axiomas como evidentes por sí mismos, lo que hacemos es repetir lo que se nos ha transmitido por herencia. Los tales axiomas pueden demostrarse dialécticamente, cuando no se trata de simples tautologías » (Engels, Dialéctica de la naturaleza)

En la práctica, los matemáticos están lejos del discurso dominante, en el sentido en qué, lejos de explorar el mundo de los axiomas, se contentan, de hecho, con juegos de axiomas limitados y relativamente definidos.

ellas, son magnitudes infinitamente pequeñas, y se le escapan, del mismo modo, las distancias y las masas de los planetas del sistema solar, tan pronto como, remontándose sobre las estrellas fijas más cercanas, se pone a investigar la constitución de nuestro sistema planetario. Pero, tan pronto como el matemático se parapeta y se hace fuerte en su inexpugnable fortaleza de la abstracción, caen en el olvido todas aquellas analogías, lo infinito se convierte en algo totalmente misterioso y el modo como se opera a base de ello en el análisis pasa a ser algo puramente inconcebible, en contradicción con toda la experiencia y todo el entendimiento. Las necedades y los absurdos con que los matemáticos han disculpado más que explicado este su modo de operar, que, por muy extraño que ello parezca, conduce siempre a resultados exactos, superan a las peores fantasías reales y aparentes de la filosofía hegeliana de la naturaleza, por ejemplo, de las que los matemáticos y los naturalistas hablan con incontenible horror. Sin darse cuenta de que lo que reprochan a Hegel, o sea el llevar las abstracciones hasta el máximo, lo hacen ellos mismos en proporciones mucho mayores. Se olvidan de que todas las llamadas matemáticas puras operan con abstracciones, de que todas sus magnitudes son, en rigor, magnitudes puramente imaginarias y de que todas las abstracciones, llevadas al extremo, se truecan en contrasentidos o en lo contrario de lo que son. El infinito matemático está tomado, aunque sea de un modo inconsciente, de la realidad, razón por la cual sólo puede comprenderse partiendo de la realidad y no de él mismo, de la abstracción matemática. Y si investigamos la realidad en esta dirección, encontramos también en ella, como hemos visto, las relaciones reales de las que está tomada la relación matemática del infinito, e incluso casos naturales análogos al modo matemático como actúa esta relación. Con lo cual queda explicado el asunto.» (Engels, Dialéctica de la naturaleza.marxists.org/espanol/m-e/1880s/dianatura/index.htm, pág. 232)

En el mismo sentido, Marx atacaba al « (…) materialismo abstracto de las ciencias naturales, que no hace ningún caso del desarrollo histórico (…) » y cuyos «defectos estallan en la manera de ver, abstracta e ideológica, de sus portavoces, desde que ellos se aventuran a dar un paso fuera de su especialidad » » (Marx, Capital, L.1, Pléiade, T.1)

En 1948, el año en que rompe con la cuarta internacional y con el marxismo, Jean Van Heijenoort, un francés de origen holandés, es estudiante de matemáticas (en 1945, él reemprende sus estudios de matemáticas, abandonados en 1932 para ser secretario de Trotsky). Obtendrá su PhD en 1949 o 1950. Cuando se da su ruptura con el marxismo, escribe un texto acerbo contra Engels y su concepción de las matemáticas. « La concepción de Engels de las matemáticas es una forma bruta de empirismo. » (Jean Van Heijenoort)

¿Por qué el marxismo debería tomar por dinero contante y sonante las representaciones que tienen los matemáticos de las matemáticas? Nos hallamos justamente en el corazón de la cuestión. Jean Van Heijenoort retoma el punto de vista metafísico sobre los matemáticos, la representación que tienen de su disciplina los estudiosos burgueses. Cuando decimos que los matemáticos se « encierran cada vez en una abstracción mayor », no cuestionamos el proceso intelectual de la abstracción, evidentemente necesario, sino la teorización de una separación absoluta con la naturaleza (cuando no es la historia – A leer, Van Heijenoort, como para todos los sabios metafísicos, ha habido una historia de las matemática y ahora se ha acabado-). Bajo el efecto de los descubrimientos matemáticos que arruinan las representaciones tradicionales basadas en la intuición –al menos, la intuición del mundo occidental-, descubrimientos hechos en general contra la voluntad inicial de sus descubridores, los estudiosos metafísicos y sus aliados filósofos epistemólogos buscan una auto legitimación de las matemáticas alejándola, para no decir cortándola, totalmente de la naturaleza. Con ello precipitan las matemáticas al mundo de las libres creaciones del espíritu, rompiendo la relación con la naturaleza, con el riesgo de marchitarlas.

Apenas Jean Van Heijenoort pretende separar física y matemáticas que ya el movimiento real las acerca. Por ejemplo, Pierre de la Harpe, un matemático, profesor de la universidad de Ginebra, en un artículo titulado « Rigor y fecundidad en matemáticas », estima que « En los períodos recientes, quizás los físicos teóricos son quiénes han trabajado más ejemplarmente por la fecundidad, y los matemáticos los que han tratado de asegurar en su estela un rigor teórico. El lector matemático es invitado a (re)meditar la memorable controversia suscitada en 1993-94 por un artículo de Jaffe y Quinn. Añadamos el recuerdo de un congreso que tuvo lugar en una colina de nombre predestinado, el Monte Verità ; el topólogo y geómetra Raoul Bott (1923-2005) decía, en términos gráficos, entre dos de sus carcajadas propias de su calurosa risa: «es papel de nosotros los matemáticos, el de hacernos cargo de la educación de todos los magníficos bastardos engendrados por la fecundidad de los físicos».

El artículo citado es el de Arthur Jaffe y Frank Quinn, «Theoretical mathematics»: toward a cultural synthesis of mathematics and theoretical physics, Bulletin of the American Mathematical Society 29 (1993), 1-13. Y las respuestas, en el mismo periódico, 30 (1994), 161-211

Igualmente Rudolph Bkouche, que critica de buena gana la enseñanza actual de las matemáticas, escribe: «Debemos recordar que la idea de trabajos prácticos en matemáticas es bien anterior a los ordenadores: Emile Borel había hablado ya de ellos cuando la reforma de 1902 con el proyecto de laboratorio de matemáticas como el que existía en física. Finalmente la remisión aquí arriba a la electrocinética nos recuerda que los objetos de la física son tan ideales como los geométricos: U, R, que aparecen en la ley de Ohm, o F, m, g que aparecen en la ecuación fundamental $F = mg$ de la mecánica, ¿en qué son datos primarios de la experiencia? De hecho son de acceso más difícil que los objetos de la geometría y no es sólo por azar que la ciencia geométrica se haya constituido como ciencia bien antes que la mecánica. En estas condiciones, podemos considerar que la distinción entre matemáticas y física se apoya, en cuanto a la geometría, sobre una tradición, en la medida en que la geometría se constituye muy pronto como ciencia racional, lo que conduce a olvidar su carácter de ciencia física.» (http://www.sauv.net/bkouche1.php ver también el vínculo a los trabajos de BKouche en la web de Michel Delord.)

Engels lo dice bien claro:

« En esta obra (la obra en cuestión es el Anti-Dühring NDR) se concibe la dialéctica como la ciencia de las leyes más generales de todo movimiento. Esto significa que sus leyes deben regir tanto para el movimiento en la naturaleza y en la historia humana como para el que se da en el campo del pensamiento. Puede ocurrir que una de estas leyes se reconozca en dos de las tres esferas citadas e incluso en las tres, sin que el rutinario metafísico se percate de que la y por él reconocida es en todos los casos la misma.

Pongamos un ejemplo. De todos los progresos teóricos que se conocen, tal vez ninguno represente un triunfo tan alto del espíritu humano como la invención del cálculo infinitesimal, en la segunda mitad del siglo XVII Si en alguna parte asistimos a una hazaña pura y exclusiva del espíritu humano, es precisamente aquí. El misterio que todavía rodea a las magnitudes que se manejan en el cálculo infinitesimal -a las diferenciales y a los infinitos de diversos grados- constituye la mejor prueba de que se sigue creyendo que se está, en este terreno, ante puras "creaciones e imaginaciones libres" del espíritu humano, para las que no se encuentra equivalencia alguna en el mundo objetivo. Pero lo que en realidad ocurre es lo contrario. Todas estas magnitudes imaginarias tienen su modelo en la naturaleza». (Dialéctica de la naturaleza)

La busca de un algoritmo universal, es decir un algoritmo que permitiera resolver automáticamente cualquier problema, la idea que todo problema tenía una solución en un algoritmo y que existía un algoritmo universal para reglar todos los problemas era una de las demandas fundamentales de las ciencias matemáticas. Abierta por Leibniz[50], la cuestión estaba aún pendiente cuando Hilbert puso sobre la mesa la caja de pandora de las 23 cuestiones.

A partir del momento en que un sistema es coherente y completo, se demuestra que es decidible, es decir, que existe un procedimiento que permite decir si una aserción es cierta o no. Pero con Gödel, y más tarde con los trabajos de Church (1936) o de Turing (1936), se esfumaba la posibilidad de realizar un algoritmo universal.

Ya desde antes que el pensamiento metafísico demostrara que, incluso en su marco intelectual estrecho[51], había sido atrapada

---

[50] «Un día se descubrirá un método general en el marco del cual será posible reducir todos los datos racionales a una suerte de cálculo». Leibniz 1686

[51] « (…)Pero el sano sentido común, por apreciable compañero que sea en el doméstico dominio de sus cuatro paredes, experimenta

por la complejidad de la realidad, la dialéctica había hundido su pretensión de aprehender correctamente el conjunto de lo real. Que la lógica formal pueda moverse cómodamente en la esfera matemática, donde por esencia[52], se plantea la no identidad de los contrarios, el tercio excluído, etc. y por tanto, por una inversión curiosa, pero conforme a la ideología de la metafísica, de la escala de los valores, las matemáticas aparezcan como la reina de las ciencias[53], no significaba que la lógica formal, pasados ciertos límites, o un cierto tipo de uso, no encontrara dificultades (incluso en su campo predilecto) para aprehender correctamente la realidad.

No todos los lógicos ponen como axioma el tercio excluso o el principio de no contradicción. Al lado de la lógica clásica (aristotélica) se han desarrollado otras lógicas como, por ejemplo, la lógica intuicionista o constructivista de Brouwer (1881-1966), que rechaza

asombrosas aventuras en cuanto que se arriesga por el ancho mundo de la investigación, y el modo metafísico de pensar, aunque también está justificado y es hasta necesario en esos anchos territorios, de diversa extensión según la naturaleza de la cosa, tropieza sin embargo siempre, antes o después, con una barrera más allá de la cual se hace unilateral, limitado, abstracto, y se pierde en irresolubles contradicciones.» (Engels, Anti-Dühring)

[52] « Solamente en la matemática -ciencia abstracta, que se ocupa de cosas discursivas, aunque éstas sean reflejos de la realidad- ocupa su lugar la identidad abstracta, como la antítesis de la diferencia, que, además, se ve constantemente superada »(Engels, Dialéctica de la naturaleza)

[53] El socialismo, si bien lo relativiza, no rechaza el método matemático.; bien al contrario. En sus recuerdos personales sobre Karl Marx, Paul Lafargue relata que « Marx encontraba en las matemáticas superiores el movimiento dialéctico en su forma más lógica y más simple. Una ciencia, decía, sólo es verdaderamente dialéctica cuando puede utilizar las matemáticas ». Igualmente, Engels criticaba el juicio de Hegel sobre la pobreza de pensamiento de la aritmética. Cf. Dialéctica de la naturaleza)

tomar en cuenta el principio del tercio excluso cuando no le parece operante (cf. . http://www.matierevolution.org spip.php? article2784). Evidentemente, el hecho de no tomarlo en cuenta no transforma ipso facto la lógica en dialéctica; no más que el hecho de utilizar el tercio excluso sea condenable. Es una ley más que respetable desde que se la mantiene donde tiene un sentido aplicarla. Que sea utilizada en la lógica de Aristóteles y no en la de Brouwer (y aún así no sistemáticamente ni en todos los casos), no hace de Brouwer un dialéctico superior a Aristóteles. La esencia de la lógica formal no se ha modificado, y además Gödel demostrará que la lógica clásica - incluyendo el tercio excluso- podía ser traducido en la lógica intuicionista. Gödel pone especialmente en evidencia que, a pesar del rechazo de la ley del tercio excluso, la ley de la no-contradicción es presente en la lógica intuicionista. La lógica intuicionista no engendra un salto cualitativo en relación con la lógica clásica. Cuando Brouwer acepta o rechaza la ley del tercio excluso, se sitúa en ambos casos en el marco de la lógica fomal. Decir que el tercio excluso no funciona en el marco de objetos históricos no induce en Brouwer a un acercamiento a la dialéctica, sino a contentarse con una aporía, a contentarse con un conocimiento insuficiente y no a buscar un método que permita un conocimiento superior. Si lo hubiera hecho, habría reconectado con la crítica de Hegel. Brouwer trata el tercio excluso fuera de la dialéctica. Hay dos maneras de mostrar los límites del tercio excluso : a la manera de Hegel en el marco de la dialéctica o como Brouwer, quedándose en el marco de la lógica formal. La lógica intuicionista no ha tenido menos aplicaciones importantes en el mundo informático, donde ha sido utilizada. Cualquiera que sea la utilidad de esta lógica, no por ello constituye un salto cualitativo en relación con la lógica clásica. No es al frotar la lógica de Aristóteles con la de Brouwer como se alumbrará el fuego de la dialéctica.

Tampoco puede hacerse de la filosofía de las matemáticas de Brouwer (y del construccionismo – los especialistas distinguen al menos 6 variedades -) que era un partidario de Kant, el filósofo preferido de los revisionistas, un parangón para la restauración del marxismo. Tal tema merece desarrollos que no emprenderemos aquí. Brouwer atribuye explícitamente el intuicionismo a Kant. El intuicionismo se pretende una forma de renovación, una puesta al día, una renovación del kantismo. Se abandona la vieja forma del intuicionismo que se encuentra en Kant. Ésta se basa en el tiempo y el espacio como formas puras de la intuición, es decir, como condiciones a priori, en la sensibilidad, de la experiencia (el conocimiento que resulta del análisis de las sensaciones). Según Brouwer, la concepción kantiana, para la que las proposiciones de la geometría son sintéticas a priori había sido batida por las geometrías no euclídeas y el desarrollo del rigor en las matemáticas del siglo XIX. Brouwer rechaza entonces la visión de Kant del espacio y propone fundar las matemáticas únicamente sobre una concepción kantiana del tiempo.

Donde las corrientes dominantes de las matemáticas (lógicos, formalistas, por ejemplo) intentan refugiarse en una torre de marfil, tratando de abstraer totalmente las matemáticas de la realidad, para hundirlas en un formalismo que amenaza marchitarlas, un Brouwer ecléctico busca en un medio kantismo el preservar un vínculo con la intuición sensible, buscar el poder creador de las matemáticas más allá de una lógica que puede llevar a una visión estrecha y estéril de ellas. Es el interés de su reacción (y antes que él la de Poincaré). Pero esta pasa no por la defensa resuelta del materialismo y de la dialéctica sino en el recurso a un neo kantismo un poco ridículo, que no es sino un materialismo vergonzoso, para llevar a otra lógica que no sale, cualesquiera que sean las realizaciones que ha permitido, del fondo del pensamiento metafísico. Que el teorema de Gödel haya cortado el camino al logicismo y al formalismo no da derecho a reanimar a un kantismo moribundo. Que el intuicionismo sea marginalizado y pasar a ser considerado una secta, que Poincaré, el más gran científico del fin del siglo XIX y principio del XX, cualquiera que sea su influencia, no haya realmente creado escuela (los mayores matemáticos franceses del siglo XX, Weil, Grothendieck, son pasados por Bourbaki, heredero espiritual de Hilbert) muestra, a pesar de las debilidades intrínsecas de los puntos de vista intuicionistas o preintuicionistas que el marxismo debe criticar sin grosería, hasta que punto el pensamiento metafísico es fecundo en las matemáticas y que ardides debe desplegar la dialéctica para caminar.

No es que el marxismo desprecie la lógica formal. Él no niega los potentes resultados que esta lógica ha obtenido y obtiene. Reconoce su potencia y su eficacia cuando despliega su método. Tampoco olvida su belleza. Basta con ver volver a los matemáticos de sus viajes, con los ojos aún deslumbrados por lo que han visto. La lógica formal no es una ciencia inmutable, y es innegable que a partir de Boole, se han aportado perfeccionamientos a ella, su formalización ha mejorado, se han explorado nuevas vías (lógica intuicionista, lógica trivalente[54]) y si en este principio del siglo XX puede considerarse que reposa sobre una veintena de principios independientes que la llevan más allá de tautologías estériles, como pretenden sus contradictores[55], esto no modifica en nada su esencia.

Al perfeccionarse la lógica formal ha extendido su grado de adaptación, su formalización es más eficaz, pero esto no ha engendrado ningún salto cualitativo en cuanto a su esencia. Sus principios, mejor definidos y e incluso ampliados, no la hacen cambiar de naturaleza. El marxismo no le reprocha que se limite a estos principios[56]. Pero el marxismo contesta en cambio las

---

[54] https://es.wikipedia.org/wiki/L%C3%B3gica_plurivalente

[55] Sus defensores, sin embargo, no hacen más que situarse en la tradición de Leibniz, que liga lógica y matemáticas. Leibniz versus Kant, he aquí las antinomias filosóficas en las que se debaten, un siglo después de Hegel, las principales corrientes de las matemáticas.

[56] « Para el metafísico, las cosas y sus imágenes mentales, los conceptos, son objetos de investigación dados de una vez para siempre, aislados, uno tras otro y sin necesidad de contemplar el otro, firmes, fijos y rígidos. El metafísico piensa según rudas contraposiciones sin mediación: su lenguaje es *sí, sí*, y *no, no*, que todo lo que pasa de eso del mal espíritu procede. Para él, toda cosa existe o no existe: una cosa no puede al mismo tiempo ella misma y algo diverso. Lo positivo y lo negativo se excluyen lo uno a lo otro de un modo absoluto; la causa y el efecto se encuentran del mismo modo en rígida contraposición.» (Engels, Anti Dühring)

« La dialéctica, que no admite ninguna clase de *hard and fast lines* [líneas rígidas y fijas], ninguna clase de dilemas absolutos e incondicionales, en la que las diferencias metafísicas fijas se entrelazan y al lado de los dilemas aparecen las relaciones coordenadas, cada cosa en el lugar que

búsquedas científicas, incluso dentro de las matemáticas, que utilizarían solo y exclusivamente este método. Pasado cierto grado de complejidad, que varía siguiendo los dominios según la naturaleza del objeto, la dialéctica deviene una necesidad. Éste es el caso en las matemáticas des de que se abordan las matemáticas superiores, como han mostrado Marx y Engels, en especial a propósito del cálculo diferencial. El marxismo afirma que lo que queda de la filosofía consiste en las leyes del pensamiento: la lógica formal y la dialéctica. El marxismo no rechaza pues la lógica formal. Las categorías de la lógica formal pueden ser utilizadas desde que son operativas, y Engels no se priva de ello. En cambio, el marxismo considera que pasado cierto grado de complejidad (y esto vale también en cierta medida para las matemáticas), la lógica deviene inoperante, pues nos enfrentamos a un mundo en movimiento donde los contrarios se interpenetran, o en el que simples variaciones cuantitativas engendran saltos cualitativos e inversamente,... La crítica de la lógica por sí misma, las paradojas de Russell[57] ¿no son un eco del ruido de la dialéctica que llama a la puerta del ordenado mundo de la lógica formal?

---

le corresponde y sin antítesis irreductibles, es el único método discursivo que en última instancia se acomoda a aquel modo de concebir la naturaleza. Para el uso diario, para el comercio científico al por menor, conservan las categorías metafísicas, indudablemente, su vigencia.» (Engels, Dialéctica de la naturaleza). Se puede constatar nuevamente que Engels no apela al abandono, sino a la superación /conservación de los principios de identidad y del tercio excluso.

[57] Más tarde, Russell proporcionará un ejemplo explícito: ¿Todos los hombres que no se afeitan a sí mismos se hacen afeitar por el barbero? ¿A qué conjunto pertenece el barbero?

Wiener y la cibernética

Incluso antes del ordenador, Norbert Wiener (1894-1964), padre de la cibernética, se interesaba en la automatización de la decisión.

Mal que pese a los pacifistas, la guerra es un potente factor de acumulación y de progreso científico y técnico. Es al constatar que el hombre no era capaz de guiar y calcular lo suficientemente rápido las defensas antiaéreas, habida cuenta de la velocidad y altura de los aviones modernos, cuando se afirma una vez más la necesidad de confiar la decisión a una máquina, única capaz de hacer las mejores elecciones en el momento adecuado.

Para resolver las cuestiones planteadas en tal situación, ha debido movilizarse y estudiar las teorías del tratamiento de la información, de la comunicación y del cálculo automático. Estos trabajos están en el origen de la cibernética[58], cuyo fundador es Nobert Wiener. La palabra deriva del griego antiguo, donde significa piloto, timón, en línea pues con el arte de dirigir un navío, la ciencia del gobierno[59], de la dirección de la sociedad con la ayuda de máquinas.

En el corazón de la cibernética hallamos los conceptos de retroacción (feedback) y de memoria. Para perseguir un objetivo a pesar de las perturbaciones exteriores, la retroacción permite un ajuste rápido por una acción en retorno sobre los parámetros del sistema[60]. En cuanto a la "memoria" está ahí para sacar provecho de estrategias anteriores que se han revelado positivas.

---

[58] El concepto y el acabado de los principales conceptos constitutivos data de 1947, pero los trabajos fundadores datan de 1942.

[59] El físico francés André-Marie Ampère llama cibernética al dominio de la política que se ocupa de los medios de gobernar.

[60] El equivalente de este concepto estaba ya presente en el pensamiento científico en la segunda mitad del siglo XIX (el servomotor de Farcot – aplicado justamente al timón de los navíos-, Claude Bernard en las

No se necesitaba más para que los científicos metafísicos, de los que forma parte Norbert Wiener, vean ahí una nueva ciencia[61], y sobre todo, una nueva revolución industrial[62] (ver cita al final del capítulo sobre la segunda revolución industrial)

Estas concepciones son anteriores al nacimiento del ordenador, en el sentido estricto del término[63], aun siendo innegable que las perspectivas que abren se inscriben en el marco de influencias y de trabajos conexos y sobre todo, de un modo de pensamiento común característico del marco de pensamiento dominante de la burguesía: la metafísica. Para el metafísico, estamos en el mundo del "o bien", "o bien". Las cosas son o bien esto o bien aquello; las cosas son o no son. No se analiza la realidad en su movimiento, en su desarrollo desde su génesis hasta su muerte, sino como un estado. Por el contrario, la dialéctica, que trata de penetrar las leyes del movimiento, piensa que las cosas son "tanto esto" como "tanto lo otro"; los contrarios no son solo polarizados; se interpenetran y en un cierto grado pasan de uno al otro. Los contrarios tienen una dinámica, un movimiento, al positivo está ligado el negativo, y en este movimiento, el positivo

---

ciencias de la vida, Maxwell en la física matemática, retroacciones de los campos magnético y eléctrico, etc.)

[61] Es interesante subrayar que la cibernética encontrará un eco particularmente importante en los países « socialistas ». Ellos verán en ella un buen medio para emanciparse aun más de una « dialéctica » que por otra parte apenas había sido asimilada, puesto que desde la involución de la revolución, no se había parado de hurtarle todo su filo revolucionario y transformarla en una forma de raciocinio.

[62] Bien entendido, antes de la cibernética se sabía hacer tomar « decisiones » a la máquina. Cualquier termostato o válvula de seguridad en la máquina de vapor son testigos de ello. Como en el ordenador, la electrónica va a proporcionar la velocidad y la precisión que faltan a la mecánica.

[63] Si admitimos que comienza con Von Neumann

está negado por el negativo, que es negado a su vez. La cantidad se transforma en cualidad e inversamente. Sobre estas cuestiones, se puede releer con provecho la obra de Engels "Dialéctica de la naturaleza" ignorada y despreciada por la corriente comunista revolucionaria actual, bajo la influencia de marxistas idealistas como Lukacs, Korsch o Pannekoek[64].

La defensa de la dialéctica merecerá más desarrollos. Basta aquí afirmar la fuerte relación que existe entre las diferentes teorías que giran en torno a la cibernética, la inteligencia artificial y las "ciencias cognitivas" con la metafísica. Sin embargo la metafísica es bastante más antigua que la existencia de la burguesía. Bajo este punto de vista, las teorías de la cibernética se inscriben en una tradición antigua que sitúa la lógica formal, forma de pensamiento privilegiada del pensamiento burgués, como el único método científico para la comprensión general del mundo. Frente a ella, existe otra forma de pensamiento que engloba y supera la primera, y que hace de la dialéctica su método. Ella se encuentra irremediablemente asociada al socialismo, a la lucha de clases, al derribo violento de la burguesía, a la dictadura del proletariado, tanto como decir que se trata de una abominación para la clase dominante y sus científicos (incluso si ellos se ven obligados a adoptarla inconscientemente)

---

[64] En sus inicios, Communisme ou Civilisation (1976-1994), estaba igualmente bajo la influencia de estas corrientes y nosotros habíamos retomado por nuestra cuenta (cf. en especial el n°3 en francès) los ataques de los filósofos de la ultraizquierda contra Engels y la dialéctica de la naturaleza. Nuestro paciente trabajo de retorno a Marx nos ha mostrado la inanidad de estas posiciones como la de una divergencia entre Marx et Engels sobre estas materias. Está aún pendiente, más allá de elementos embrionarios y en estado de borrador, no nos hemos todavía enrolado en la vasta tarea de publicar elementos detallados de crítica de estas posiciones. Esta queda como una tarea de partido a realizar.

Hacia el ordenador

No por el hecho de ser anteriores al ordenador, las teorías de la cibernética están desligadas de un cierto número de evoluciones que tendrán por resultado también el ordenador. Es difícil trazar una línea de demarcación entre el calculador electrónico binario y el ordenador. A nivel del concepto, cualesquiera que sean las evoluciones técnicas (mecánica versus electrónica) o de afirmación de la lógica (álgebra de Boole, cálculo binario) que las sostienen, podríamos decir que las diversas máquinas puestas en marcha hasta 1945 son, desde un punto de vista teórico, máquinas de Babbage. Sin embargo, existe una diferencia entre la máquina de Babbage y el ordenador, la máquina de Von Neumann. El programa, las instrucciones, son objeto de un tratamiento específico, cualitativamente diferente de los datos, en la máquina de Babbage. Son exteriores al sistema. Lo que explica que se llame también a las "máquinas de Babbage": "máquinas de programación externa".

John Von Neumann hará la síntesis de los avances y las ideologías de su época (reconocimiento explícito del cálculo binario, conceptualización avanzada del ordenador-máquina de Turing, posibilidad de asentar el razonamiento lógico y el álgebra de Boole sobre circuitos eléctricos[65], después electrónicos, metáfora del cerebro y del ordenador, asimilación del cálculo binario al proceso de pensamiento por el cerebro[66])

---

[65] En 1937, cuando trabajaba bajo la dirección de Norbert Wiener y de Vannevar Bush (el padre del hiper texto, cuyo perfume humanista no debe hacer olvidar que nuestro científico tomó parte en el programa Manhattan, que culminó en el lanzamiento de la bomba atómica sobre el Japón), Claude Shannon que se conocerá más tarde por sus teorías de la información, mostró que las reglas del álgebra de Boole eran enteramente realizables con la ayuda de circuitos con relés eléctricos.

[66] En 1943, Waren Mc Cullogh y Walter Pitts elaboran un modelo de neurona artificial. Asimilada a la neurona biológica de la cual se afirma que tiene un funcionamiento binario, este modelo contribuye, al mismo

transformando la máquina de Babbage. Al tratar el programa en el mismo plano que los datos, introduciéndolos en la memoria, la máquina obtenida tenía las mismas propiedades que la máquina de Turing y podía pues ejecutar el conjunto de los algoritmos. La dialéctica insiste a menudo sobre la transformación de la cantidad en cualidad. Pero la recíproca es igualmente verdadera e ilustrada perfectamente aquí. Babbage y sus máquinas eran prisioneras de los límites de la mecánica[67]. Una nueva concepción de la materia, el paso de Newton a Einstein, el auge de la electrónica, permitieron la precisión y la velocidad de ejecución que la mecánica, limitada por el juego entre las masas, no podía aportar.

En 1937-1938, Alan Turing, joven y brillante matemático, concibió una máquina que lleva su nombre. No se trata de una máquina en el sentido estricto sino de un concepto de máquina que permite ejecutar el conjunto de los algoritmos. Turing jugará un papel importante durante la segunda guerra mundial al participar en la puesta a punto de las calculadoras que romperán el código de los mensajes del ejército alemán. Después de la guerra, en un artículo mítico del pensamiento metafísico, « ¿pueden las máquinas pensar? » elaborará el test que lleva también su nombre. Falto de poder (y tanto ¡) dar respuesta con razón directa a esta cuestión, Turing se decide por una pirueta. Si no es posible distinguir si una respuesta es dada por un hombre o una máquina, debemos considerar que la máquina piensa. A la entrada del siglo XXI siglo, el pensamiento metafísico triunfaba: el campeón del mundo de ajedrez era batido por la máquina, el test de Turing encontraba una de sus aplicaciones. El cerebro y el ordenador se fusionaban. El pensamiento metafísico celebraba el acoplamiento monstruoso de la pulga y del ratón. El ajedrez es un juego donde todos

---

tiempo que se sienta sobre, a la identificación del cerebro y de la máquina.

[67] Un dicho de mecánicos dice que «el juego es el alma de la mecánica ». El ahorro de las piezas, la precisión del almacenaje, la masa de las piezas que limita su velocidad han sido otros tantos obstáculos para el cálculo automático en tanto éste ha permanecido en la esfera de la mecánica.

los parámetros son formalizados o al menos relativamente fáciles de formalizar (la cuestión del peso relativo de las piezas, aunque esquemáticamente tratada puede ser más compleja, pero puede ser también parametrizada). Es este fenómeno el que está en la base de esta reflexión de Edgar Poe «Aprovecho la ocasión para proclamar que la alta potencia de reflexión está más activa y provechosamente explotada por el modesto juego de damas que por toda la laboriosa futilidad del ajedrez. En este último juego, en que las piezas están dotadas de movimientos diversos y extraños, y representan valores diversos y variados, la complejidad es tomada – error muy común – por la profundidad. La atención está puesta en juego con gran potencia. Si se relaja por un instante, se comete un error, del cual resulta una pérdida o la derrota. Como los movimientos posibles son no solo variados, sino desiguales en potencia, las posibilidades de tales errores se multiplican; y de cada diez casos, en nueve es el jugador más atento el que gana y no el más hábil. En las damas, por el contrario, donde el movimiento es simple en su especie y sufre pocas variaciones, las posibilidades de inadvertencia son muchas menos, y la atención no es absoluta y enteramente acaparada, todas las ventajas adquiridas por cada uno de los jugadores son debidas sólo a una perspicacia superior."

Los ordenadores, por el hecho del número considerable de movimientos posibles (mayor que el número de átomos del universo observable) no pueden, a pesar de su potencia de cálculo, tomar en cuenta el conjunto de las partidas posibles. Los programas buscan el movimiento óptimo explorando las diversas vías posibles - a contrario se citará la réplica de un campeón a quien se preguntaba cuántas vías exploraba: « un movimiento, pero el bueno »- sobre el gran número de movimientos posibles (en la confrontación con Kasparov, la profundidad conseguida es del orden de 6 medio movimientos y aumenta con la potencia de las máquinas), el juego. Se ayudan también de bibliotecas de partidos ya existentes para ir más lejos en los arbitrajes. Podemos constatar que la cantidad de movimientos posibles plantea un problema cualitativo. Por otra parte, una suma de optimización sobre una cierta profundidad no constituye una estrategia global. Les partidas ganadas por Kasparov han jugado justamente sobre la capacidad estratégica del cerebro humano. Por ejemplo, sacrificaría un peón que él sabía que recuperaría necesariamente una treintena de movimientos después, sin saber precisamente cuándo.

El pensamiento metafísico triunfante olvida incluso lo que él mismo dice. No porque el ordenador gane se puede decir que la máquina piense. El socialismo no solamente no niega que la máquina pueda hacer cosas que están fuera del alcance del hombre (sea de su mano o de su cerebro) sino que hace de ello una característica del maquinismo. El test dice que no hay que distinguir el hombre de la máquina. En el siglo XIX, analizando con atención el juego del autómata del Baron Kempelen, Edgar Poe demostró que había un hombre escondido dentro (cf. el jugador de ajedrez de Maelzel). Nosotros no dudamos ni un minuto de que el análisis del juego de Big blue mostraría que detrás del representante de IBM que movía las piezas sobre el tablero se esconde un ordenador, tan cierto como es que cada jugador tiene un estilo propio.

Turing, homosexual y probablemente miembro, de los servicios secretos, será empujado al suicidio. Él comerá una manzana envenenada como Blancanieves, cuyo cuento tenía siempre en los labios - el dibujo animado salió en 1938 – Por bien que sea un mito, algunos vieron en el logo de Apple una alusión a este episodio.

Aun así, desde el punto de la lógica, la máquina queda confinada exclusivamente al mundo de la lógica formal, del cálculo. Ignora lo cualitativo y todas las leyes del movimiento que solo la dialéctica puede comprender. La máquina tiene horror a los puntos sobre las íes. Lo implícito, la intuición, la imaginación, la ironía, es decir, la verdadera inteligencia, le son inaccesibles.

Las "decisiones" que la máquina puede tomar son posibles sólo si nosotros podemos subsumir los diversos parámetros de ellas en el marco de la lógica formal. Desde que esto es posible, se puede contemplar una automatización de la decisión[68].

---

[68] Esto para lo mejor y para lo peor. Los cracks modernos son en adelante asistidos por ordenador. Las máquinas son programadas para vender con un cierto umbral. Desde que son alcanzadas, las ventas se multiplican automáticamente amplificando fácilmente los movimientos bursátiles. Lo mismo ocurre con la especulación, el "Trading de alta frecuencia" reposa sobre ordenadores cada vez más potentes, y las redes y puntos de acceso son redes cada vez más eficaces (el 60 % de

Evidentemente, la automatización de la "decisión", como la "interactividad" no están vinculadas para nada, a priori, al ordenador. Cualquier ascensor puede convencernos de ello. Sin embargo, desde que pretende ir más allá, la informática, guiada exclusivamente por el interés del capital, encuentra límites rápidamente. Por ejemplo, en los años 80 vimos surgir el proyecto de crear "sistemas expertos", es decir, susceptibles de reproducir el comportamiento y las decisiones de un experto en la materia (por ejemplo, en el diagnóstico de averías, o en medicina). Sin embargo, el proyecto de modelizar un verdadero informe para transformarlo en programa informático se ha revelado rápidamente un desafío. Este proyecto puede realizarse sólo en parte y simplificando escandalosamente los problemas, a menos de ser capaz de reducir el informe a parámetros formales. Pero la ilusión es tenaz y los medios que la división social del trabajo ha confinado en esta ilusión (los ingenieros, los informáticos…) aprenden poco de sus fracasos. Cada vez se remite al mañana (cuando la máquina o la red serán más potentes) la superación de los límites. Generalmente, no se consigue nada[69]. Esta toma de conciencia verdadera no podrá darse mientras la metafísica reine como dueña sobre el pensamiento científico y técnico. Y será dueña mientras la

---

las operaciones son realizadas en la segunda- fuente: carta de Verminnen n° 107, abril 2012)

[69] Pueden sin embargo alcanzarse éxitos desde que la máquina es capaz de tratar una gran cantidad de datos objetivos obtenidos en análisis, captadores…, cuyo examen detallado es prácticamente fuera del alcance del hombre. Por ejemplo, hoy en día ciertos sistemas expertos son capaces de diagnosticar ciertos cánceres a partir del análisis del código genético y de biomarcadores, con una tasa de éxito más elevada que los médicos especialistas en la materia. Ha habido un desplazamiento de la experiencia por el hecho de su evolución, a pesar de que de todas maneras son los hombres los que conciben el sistema experto, y no hay una verdadera substitución.

revolución socialista no haya liberado el pensamiento humano de sus prejuicios.

Un concepto elástico y mercantil.

Aparte de la cibernética, conocemos al menos tres reivindicaciones de tercera revolución industrial[70]. Es verdad que todas ellas participan de raíces comunes, aun cuando su objeto sea diferente. En los años 80, la tercera revolución industrial encontraba su fuente en la robotización. En los 90, su campeón era la multimedia, y al final de la década, Internet toma el relevo. La fábrica 4.0, new look, retoma unos y otros per anunciar une cuarta revolución industrial.

La robótica.

Si dejamos de lado Terminator, el perro de Sony y algunas otras realizaciones o proyectos, para centrarnos en el robot industrial tal como ha sido puesto en uso en especial en los talleres de montaje automovilístico, se designa con el nombre de robot un tipo de máquina-herramienta programable y susceptible de moverse con más de 3 grados de libertad, lo que le da este movimiento singular que le hace parecer un pájaro de cuello largo. También aquí, gracias a la electrónica y la programación, se llega a superar ciertos límites de la mecánica. La puesta en funcionamiento de estas máquinas ha sido ocasión para la eclosión de numerosos fantasmas en la clase dominante, unos puramente interesados, como es habitual, otros ligados a las supuestas consecuencias económicas y sociales de tales máquinas. Bien entendido, en el plano teórico, nuestro partido ya había hecho la descripción de esto un siglo antes (ver abajo las referencias a Marx, especialmente en el capítulo 15 del libro I de El Capital). Se sobreestimaba, y esto es lo propio del

---

[70] Ver por ejemplo Jeremy Rifkin, La tercera revolucion industrial, Paidos iberica, 2011

pensamiento metafísico, las capacidades y el campo de aplicación de estas máquinas. Su mismo nombre, robot, era en sí mismo un programa metafísico. Pasadas las primeras borracheras, uno se apercibía que para que fueran perfectamente eficaces, había que concebir la fabricación de las piezas, su forma y su composición, en la perspectiva de su paso entre los brazos del robot. Por otra parte, la fragilidad relativa de las máquinas podía conducirlas a averías que limitaban su rentabilidad. Ellas no podían ser utilizadas en cualquier entorno sin precaución.

Multimedia

Multimedia es la reunión en un soporte numérico de textos, sonidos, imágenes fijas o animadas bajo el efecto de una programación informática. Numerosas mentes maravillosas han querido ver en este fenómeno, del que no negamos la importancia, una nueva revolución. Por ejemplo: "Desde Gutemberg y la invención de la imprenta, otra innovación, o más bien "concepto" tecnológico se apresta a revolucionar el mundo de la comunicación: el de Multimedia o el todo numérico" (Le savoir faire français et le multimédia, CFCE, p. 13). Esta inmensa ola debía relegar al museo Gutenberg y Lumière, Niepce y Charles Cros. Pero la gran característica común, tanto de la imprenta[71] como de los aparatos de reproducción de la imagen y

---

[71] « Quería iniciar mi exposición con una especie de cuento. Entramos en una nueva era de la comunicación, gracias a un instrumento revolucionario, individual, portátil, personal. Una extensión de nuestra memoria, es decir, de nuestra imaginación, un instrumento que puede unir y acercar a los hombres en las redes de difusión del saber, más allá del tiempo y del espacio. Pero como todo instrumento revolucionario, tiene sus entusiastas y sus escépticos. Por un lado, para los primeros, este instrumento va a permitir una difusión más amplia de la cultura y por supuesto de la ciencia y los grandes descubrimientos. Va a favorecer la igualdad entre los hombres. También va a desarrollar el espíritu crítico y la creatividad e incluso va a crear nuevos oficios.

del sonido es permitir la **reproducción** de los soportes del pensamiento y de la expresión humana: textos, discursos, ilustraciones, dibujos, obras musicales, etc. Las artes que se han desarrollado desde la revolución industrial están marcadas por el sello de la reproductibilidad. La fotografía, a diferencia de la pintura, el cine[72] al encuentro del teatro, permiten que su resultado sea reproducible a voluntad, con el coste de esta reproducción infinitamente más bajo que su coste de producción. Debe notarse igualmente que se convierte en cada vez más reaccionaria la infecta "propiedad intelectual" propia del derecho

---

Para los escépticos o los más reservados, este instrumento revolucionario va a aislar a los hombres en una especie de burbuja individual de información, creará nuevas exclusiones entre los que los saben utilizar y los que no, entre los ricos que los pueden comprar y los que no pueden. Va a homogeneizar la cultura, la información que vehicula está ya representada en una sola lengua en un 80 %. Hay un riesgo sobre la fiabilidad de las informaciones que difunde, un riesgo de robo de las ideas, de espionaje, de subversión. Este nuevo instrumento revolucionario puede ser un útil de difusión de la pornografía. Necesita pues una censura y una reglamentación de las instituciones, que son minadas por su desarrollo. Señoras y señores, ¿de qué instrumento se trata? ¿Del ordenador? No. De Internet? Tampoco.

He olvidado decirles que mi cuento se sitúa en el siglo XV y que nos encontramos en la Sorbonne en 1472, cuando esta misma Sorbonne ha adoptado, con la mayor parte de Europa, las primeras prensas para imprimir; y que este instrumento revolucionario, portátil e individual, tiene por nombre el libro. » (Joël de Rosnay – la « sola lengua » es el latin - NDR)

[72] « A diferencia de lo que pasa en la literatura o en la pintura, la técnica de reproducción no es, para el film, una simple condición exterior que permite su difusión masiva, su técnica de producción funda directamente su técnica de reproducción. Ella no sólo permite, de modo inmediato, la difusión masiva del film, ella la exige. » (W. Benjamin, La obra de arte en la era de su reproductibilidad técnica. In essais, Paris, Denoël.)

burgués, mientras que estas tecnologías permiten como nunca la reproducción de las obras, tanto desde el punto de vista económico como de la calidad de la reproducción. Al mismo tiempo que es derrotado, el derecho de la propiedad intelectual deviene uno de los principales obstáculos a la difusión de los contenidos.

No es pues una característica del software ni del *digital* permitir la reproducción de la información, del conocimiento y acceder a la cultura con un tiempo de trabajo muy inferior al de su producción[73].

La reproductibilidad forma pues parte integrante de los media, ya existentes antes de la era "multimedia". Lo mismo ocurre con la comunicación a distancia. El teléfono, la televisión, la telecopia y, antes que ellos, el telégrafo, habían trastornado la difusión del sonido, de la imagen o del texto. Multimedia no puede pues pretender aportar nada nuevo en cuanto a lo que caracteriza la revolución industrial. Ofrece, lo que ya es mucho, la posibilidad de unificar bajo una forma nueva, incluyendo en especial la interactividad, los diversos medias. Esta posibilidad, la de efectuar a distancia toda clase de intercambios y de transacciones, de pilotar máquinas, etc. será evidentemente un factor precioso de desarrollo de las fuerzas productivas tras la revolución proletaria.

Internet

Hemos mostrado ya en el capítulo destinado a la segunda revolución industrial las dimensiones mercantiles propias de la "revolución internet". No volveremos pues sobre ello.

Lo espectacular del fenómeno Internet es la rapidez de su implantación. Ha impuesto a todos una norma común, no

---

[73] Para un análisis de las bases materiales del logicial libre, cf. nuestros textos titulados: Logiciel, monopole et coût de production. (http://www.robingoodfellow.info/pagesfr/rubriques/logiciel2.htm)

necesariamente la mejor en el plano técnico, por otra parte, y permitido la interconexión a escala mundial de los individuos. Contribuye así a realizar las promesas de la informática y de las redes. Internet aporta así su piedra a la unificación, a escala mundial, de los medios de comunicación. Por ejemplo, la mensajería electrónica existía desde hacía tiempo, pero no había conseguido imponer verdaderamente su uso más allá de algunos círculos. Ella se ha convertido, en unos años, en el principal vector de transmisión de la información entre las empresas por lo que concierne al tejido económico y entre los individuos en general.

La revolución industrial había sido también acompañada de una revolución de los medios de transporte y de comunicación. Hemos visto, en especial, que el telégrafo fue también un componente de la revolución de los medios de comunicación propios de la revolución industrial[74].

---

[74] « La revolución en la industria y la agricultura ha necesitado una revolución en las condiciones generales del proceso de producción social, es decir, en los medios de comunicación y de transporte. Los medios de comunicación y de transporte de una sociedad que tiene como « pivote », siguiendo la expresión de Fourier, la pequeña agricultura, y como corolario, la economía doméstica y los oficios de las ciudades, eran completamente insuficientes para las necesidades de la producción manufacturera, con su división ampliada del trabajo social, su concentración de obreros y de medios de trabajo, sus mercados coloniales, que ha habido que transformar. Igualmente, los medios de comunicación y de transporte legados por el período manufacturero se convirtieron pronto en obstáculos insoportables para la gran industria, con la velocidad febril de su producción centuplicada, su lanzamiento continuo de capitales y de trabajadores de una esfera de producción a otra y las nuevas condiciones del mercado universal que ella creó. A parte de los cambios radicales introducidos en la construcción de navíos a vela, el servicio de comunicación y de transporte fue adaptándose poco a poco a las exigencias de la gran

"Dos descubrimientos parecen sobretodo marcar el siglo XVIII; los dos pertenecen a la nación francesa: el aerostato y el telégrafo. (…) El telégrafo recorta las distancias. Rápido mensajero del pensamiento, parece rivalizar con él." Informe de Joseph Lakanal en 1794, al Comité de instrucción pública de la República francesa.

En una sátira en verso, titulada "Le Télégraphe", Víctor Hugo, en 1819, describe los males que él conlleva. Flaubert y Dumas hicieron también su crítica. Más tarde, el Zola periodista u otros profesionales de la prensa se quejaban de su efecto sobre la información, el periodismo y la reflexión crítica.

"La ola desencadenada de la información a ultranza…al desplegarse, ha transformado el periodismo, matado los grandes artículos de discusión y la crítica literaria, dado cada vez más lugar a los despachos, a las noticias grandes y pequeñas, a los procesos verbales de los reporteros y de los entrevistadores.." (1888)

"La información, la noticia exacta o inexacta, toma un lugar cada vez más considerable en las columnas de nuestros periódicos y el estilo telegráfico tiende también cada vez más a reemplazar el de los maestros. Nos "americanizamos" todos los días…La prensa sufre una transformación completa. El lector exige la brevedad ante todo…Y sobre todo ¡nada de doctrina! ¡Nada de exposición de principios!...¡Jamás el público ha estado tan hambriento de escándalos! (E. Lockroy. Préface a l'Annuaire de la presse. 1889)
75

Para nosotros no se trata de decir que no hay nada nuevo bajo el sol y que nada se ha inventado desde el siglo 19, lo que sería

---

industria, por medio de un sistema de barcos de vapor, de ferrocarriles y de telégrafos. » (Marx, Capital, L.I)

75 Citado por Michael Palmer, en su libro "Petits journaux et grandes agences"

evidentemente absurdo, pero si de mesurar la capacidad de estas invenciones para introducir rupturas *conceptuales* tales que merezcan un concepto como el de *revolución industrial.*

Sean los que fueren los efectos, reales sobre la organización de la sociedad, sobre las perspectivas que abre, no hay propiamente motivo para hablar de revolución industrial en el movimiento de Internet. Hay, aquí como en otros casos, realización del mismo concepto que para desplegarse ha debido pedir prestadas las formas del movimiento propias a las diversas ciencias. El elemento racional que se esconde en las diversas acepciones de la tercera o cuarta revolución industrial o tecnológica es la emergencia de una ciencia subatómica. Los descubrimientos de la radioactividad, del electrón, una mejor comprensión del efecto fotoeléctrico, la evidencia de la relatividad del tiempo, la prueba de la existencia de los átomos, la emergencia del mundo cuántico, todos estos inmensos descubrimientos que son victorias del pensamiento dialéctico, tirando por tierra la concepción metafísica de una materia inmutable, van a dar los elementos teóricos que permitan ir más lejos que la mecánica y la electricidad, mientras que la química y la biología aumentan igualmente su potencia. Hemos vistos los efectos en retorno sobre la técnica de ciencias que han alcanzado cierta madurez y la emergencia de una ciencia nueva. Estos trastornos en el pensamiento científico, esta revolución científica, si se quiere, tienen lugar en la primera mitad del siglo XX. El segundo medio siglo y posteriormente, a despecho del aumento considerable de científicos e investigadores, no ha conocido tales mutaciones teóricas; solo las perfeccionará.

Un concepto inestable

¿Una revolución inencontrable?

Apenas algunos celebran una tercera revolución industrial, afirmada hace ya más de medio siglo por los mejores espíritus de la burguesía, apenas se han unido, como retaguardia, al gran ejército de la metafísica, que han sido emitidos por la vanguardia, hace tiempo, dudas sobre la carga real de esta revolución. Solow, premio Nobel de ciencias económicas ¿no ha puesto su nombre a una paradoja?: "Se ven ordenadores en todas partes salvo en as estadísticas de productividad". Mientras que en adelante se ha hecho imposible negar totalmente las crisis de superproducción que sacuden periódicamente la producción capitalista y que la progresión de la productividad declina, el interrogante se tiñe de angustia:

"Cuando todos se ponen de acuerdo en la idea de que inversión e innovación son los motores de la productividad del trabajo, la cual determina a largo plazo crecimiento y prosperidad, helos aquí confrontados a una extraña avería de la productividad en las economías avanzadas.

No faltan economistas en el MIT (Massachusetts Institute of Technology) y en la OCDE (Organización de cooperación y de desarrollo económicos) para explicar que las nuevas tecnologías de la información y de la comunicación (NTIC) dopan, en principio, la productividad del trabajo en todas las economías. Pues con las bajadas de precios, estas *tecnologías* se difunden en todos los sectores de actividad, mejorando permanentemente sus cifras gracias a la ley de Moore. Pero esta vez los hechos parecen resistir a la teoría: con la excepción de los años 2000, las inversiones masivas en NTIC no han tenido el efecto anunciado sobre el crecimiento de las economías avanzadas y sobre su productividad. Es el retorno de la paradoja de Robert Solow, este economista americano, Premio Nobel en 1987, que se asombraba de que la multiplicación de los ordenadores no tuviera efectos sobre las estadísticas.

Todo pasa como si ciertas buenas viejas leyes económicas ya no funcionaran: *"Se ha hecho crecer el capital por asalariado, pero esto no ha acelerado la productividad del trabajo, que se ha ralentizado en todas partes"*, alerta el economista de Natixis Patrick Artus (…) Resumiendo el desconcierto general, Gilbert Cette, economista del Banco de Francia, afirma: *"Mientras que la difusión de las NTIC en las empresas debería, con toda la lógica, acelerar las ganancias de productividad en la economía, éstas se han ralentizado enormemente, y esto antes de la crisis de 2008."* "Valérie Second, Les économistes face a la mystérieuse panne de la productivité, Le Monde, 30/06/2014)

En los años 2000, la respuesta a este tipo de cuestión dio ocasión a ciertas ramas de la economía política burguesa, la "nueva economía" de ilustrarse en materia de economía demente, y sirvió de resorte teórico a la gran ola de especulación que ha acabado por hundir las bolsas y abrir la primera gran crisis de superproducción del siglo XXI.

Hemos debatido en otros lugares (cf. Sitio de Robin Goodfellow) sobre estas paradojas como vagabundeos de la nueva economía, y mostrado que, en buena parte, aparte de las cuestiones técnicas propias a la medida del fenómeno, la explicación debía residir en la importancia creciente del trabajo improductivo y los efectos de la concurrencia internacional sobre la formación de los pecios.

¿Y por qué no cuatro?

Apenas algunos se sienten satisfechos en materia de revoluciones tecnológicas que ya otros nos anuncian, como hemos visto, la cuarta revolución industrial[76] a base de la fábrica inteligente. Otras fracciones de la burguesía, dotadas de un punto de vista aún más alto, predicen nada menos que un cambio de civilización al hacer converger las nanotecnologías, la biología y las biotécnicas, la informática y la información, las ciencias cognitivas y la comunicación, (las NBIC)

Desde que se rompe con la potencia del concepto inicial y que se busca "revoluciones industriales" tras cada innovación tecnológica un poco consecuente, nada impide decir que tras la "tercera", tendremos una "cuarta", revolución industrial. No

---

[76] Ver por ejemplo Klaus Schwab, La cuarta revolución industrial, Debate, 2016

faltan los candidatos: la fábrica 4.0, la impresora 3D, las NBIC, el "Big Data"...

Las NBIC, afirman sus heraldos, podrían, nada menos, que realizar los sueños del Renacimiento (dixit, Mihail Roco, profesor de ingeniería mecánica) y permitirnos cambiar de civilización (dixit, James Canton, futurólogo californiano). El programa es particularmente atractivo; es la culminación del programa de la metafísica: la inmortalidad del alma. Una vez asimilado el pensamiento al cálculo, una vez representadas la vida y la materia bajo forma de algoritmos, no hay más que hacer converger las NBIC para contemplar en una perspectiva "transhumanista"[77], una transferencia de la conciencia humana a las máquinas[78] ellas mismas evolutivas y en interacción con el hombre. Esperando este día bendito, en que en una gran simbiosis con la naturaleza será bien visto discutir del sexo de los ángeles, debemos volver a nuestra dura realidad, basada en la explotación del proletariado por el capital.

---

[77] Sociedades con escaparate, como Google, parecen muy presentes en esa almena: «Hoy en día, Google se ha convertido en uno de los principales arquitectos de la revolución NBIC, y sostiene activamente el transhumanismo, en especial apadrinando la Singularity University, que forma especialistas en NBIC. El término Singularity designa el momento en que el espíritu humano será superado por la inteligencia artificial, que se supone que ha de crecer exponencialmente des de los años 2045. Ray Kurzweil, el "pope" del transhumanismo, dirige en persona esta universidad. Este especialista de la inteligencia artificial está convencido que las NBIC van a permitir retrasar la muerte de forma espectacular des del siglo XXI. Ha sido contratado por Google como ingeniero jefe para hacer del motor de investigación la primera inteligencia artificial de la historia.» (Laurent Alexandre, Presidente de DNA Vision, Le Monde, 18/04/2013)

[78] El film en superproducción «Transcendence» (2014), con Johnny Depp, explota esta idea.

Una verdadera revolución

Por nuestra parte, hemos refutado ampliamente los autoproclamados fundamentos de una segunda y tercera revolución industrial, tratando de mostrar cual es el núcleo racional que se esconde tras estas representaciones mistificadas. *Desde este* punto de vista, queda poco espacio para una cuarta. Y no es el delirio místico del pensamiento metafísico el que podría impulsarnos a cambiar de parecer. Sería no obstante hacer abstracción, por una parte, algo rápidamente, de la manera en qué el socialismo clasifica las ciencias y aprehende su evolución y, por otra, no ver, por el contrario, que otra revolución es susceptible de producirse.

Se olvida a menudo que cuando el materialismo histórico considera que el factor determinante en la historia (en última instancia) es la producción y la reproducción de las modalidades de la vida inmediata, incluye la reproducción de la especie [79]

---

[79] «Según la concepción materialista de la historia, el factor que en última instancia determina la historia es la producción y la reproducción de la vida inmediata. Pero esta producción tiene a su vez una doble naturaleza. Por una parte, la producción de medios de existencia, de objetos para la alimentación, ropa, alojamiento e instrumentos que ellos necesitan; por otra, la producción de los hombres mismos, la propagación de la especie.» (El origen de la familia, de la propiedad y del Estado)

Esta imprecisión está a veces presente en el mismo Engels: « Según la concepción materialista de la historia, el factor que *en última instancia* determina la historia es la producción y la reproducción de la vida real. Ni Marx ni yo hemos afirmado nunca más que esto. Si alguien lo tergiversa diciendo que el factor económico es el *único* determinante, convertirá aquella tesis en una frase vacua, abstracta, absurda. La situación económica es la base, pero los diversos factores de la superestructura que sobre ella se levanta --las formas políticas de la lucha de clases y sus resultados, las Constituciones que, después de ganada una batalla, redacta la clase triunfante, etc., las formas jurídicas,

Si la máquina revoluciona la producción de los medios de existencia, hoy día la biología es potencialmente capaz de apartar el sexo de la reproducción de la especie. La fecundación in Vitro, la inseminación artificial, la gestación para otros, son ya una realidad concreta, pero que tienen aún por origen células sexuales; el clonaje[80], las células madre y las modificaciones genéticas plantean a otro nivel la cuestión de la reproducción. Las barreras jurídicas y éticas que se les oponen no resistirán ante los avances de la biología molecular. Todas estas técnicas, si permiten prescindir del hombre, no pueden, a despecho de las investigaciones sobre el útero artificial, de las cuales algunos, como Atlan, han sobreestimado el potencial, prescindir totalmente de la mujer.

Siempre se podrá invocar a Bordiga, que bromeaba sobre el hecho de que se volvería siempre con placer a los antiguos métodos, no se desprende menos que las perspectivas abiertas por la evolución de la biología, no hacen sino cada vez más

---

e incluso los reflejos de todas estas luchas reales en el cerebro de los participantes, las teorías políticas, jurídicas, filosóficas, las ideas religiosas y el desarrollo ulterior de éstas hasta convertirlas en un sistema de dogmas-- ejercen también su influencia sobre el curso de las luchas históricas y determinan, predominantemente en muchos casos, su *forma*. Es un juego mutuo de acciones y reacciones entre todos estos factores, en el que, a través de toda la muchedumbre infinita de casualidades (es decir, de cosas y acaecimientos cuya trabazón interna es tan remota o tan difícil de probar, que podemos considerarla como inexistente, no hacer caso de ella), acaba siempre imponiéndose como necesidad el movimiento económico. De otro modo, aplicar la teoría a una época histórica cualquiera sería más fácil que resolver una simple ecuación de primer grado. » (Engels, carta a Bloch, 1890)

[80] Que es aún más una técnica balbuciente que un conocimiento probado. La tasa de fracasos de los clonajes es considerable y los clones no parecen ser sistemáticamente tan viables (envejecimiento acelerado,…) como su original.

urgente la reconciliación entre los sexos como entre el individuo y la especie.

Hay también un aspecto que los ensalzadores de las revoluciones industriales no abordan, y es el potencial aportado por las tecnologías actuales para la organización de la sociedad comunista. Por ejemplo, la moneda electrónica, las tarjetas bancarias y la técnica de las tarjetas con chip en general, las técnicas "contactless", el desarrollo de la telefonía portátil, que es el terminal más extendido de la historia puesto que abarca cerca de los ¾ de la humanidad, Internet, etc. dan nuevas bases materiales para arreglar muy fácilmente la cuestión del reparto del producto social y particularmente de la parte del consumo dejado a las necesidades de cada uno (lo que supone la existencia de una contramarca social, los "bonos de trabajo", desde que la sociedad comunista está en su fase inferior) e igualmente para la realización de un mecanismo de democracia directa planetaria.

Conclusión: Pensar y clasificar las ciencias.

Hemos mostrado la ausencia de fundamento a la afirmación de que la irrupción de la electrónica implica la existencia de una tercera revolución industrial. Esto no significa que el socialismo no tome en cuenta –esto sería el colmo para la concepción materialista de la historia– la historia y la historia de las ciencias, así como el desarrollo de las técnicas. Hemos mostrado así que, hasta el presente, no había base para hablar de revolución industrial o tecnológica después del advenimiento de la revolución industrial del siglo XVIII. En revancha, se podría hablar, por el contrario, de revolución en lo que concierne a la materia orgánica.

El socialismo no considera la ciencia como un conjunto indistinto. No lo pone todo, tanto en ciencia como en política, en el mismo saco. Analiza la historia de las ciencias, su objeto, su evolución, su método y en especial, su capacidad para asimilar la dialéctica. Cuanto más necesaria sea ella, dado que las leyes del movimiento en el dominio considerado son más complejas, más se retrasará el dominio científico. El mundo orgánico se atrasa en relación con el inorgánico, la biología se atrasa en relación con la mecánica.

El socialismo contempla pues múltiples aproximaciones a la ciencia, sin separar por ello las diversas formas de aprehenderla.

Visto desde el ángulo de su historia, el desarrollo de las ciencias es condicionado por el de la producción. La astronomía es lo primero, pues es particularmente necesaria a los pueblos de pastores y agricultores, que para asegurar su vida y su supervivencia, deben anticipar el ciclo de las estaciones, a través de la observación del ciclo de los astros, en especial del sol y la luna. El campo celeste es también el que se impone como un vasto campo de observación, incluso sin instrumento (el telescopio-que sólo se trata, de momento, de una potente lente-

no será inventado hasta Galileo), pero es también el más impresionante en sus manifestaciones climáticas espectaculares (rayo, trueno, eclipses) y suscita explicaciones místicas. Las primeras representaciones religiosas se basan en cosmogonías. Para perfeccionarse, la astronomía necesita las matemáticas. Éstas, conducidas necesariamente hacia la abstracción por su método (abstracción reforzada por otra parte por su historia y las concepciones metafísicas de los matemáticos) tienden a olvidar que extraen sus conceptos de la realidad. Los metafísicos se sorprenden enseguida, hasta ver ahí la mano de Dios, ante la constatación de que los conceptos producidos por los matemáticos encuentran, a veces más tarde, una aplicación en la realidad. Las necesidades de la ciudad, la construcción de los edificios, así como la guerra y la navegación favorecen el desarrollo de la mecánica, la cual necesita a su vez las matemáticas. Desde este punto de vista, se puede clasificar a las ciencias en función de su utilización de las matemáticas. Veamos el orden de su desarrollo: astronomía, mecánica, física, química, biología.

Durante largo tiempo, solo la astronomía, la mecánica y las matemáticas conocieron un verdadero desarrollo, aunque, evidentemente, otros modos de pensamiento, como la filosofía, se interesaban por el desarrollo natural, como en Aristóteles o Plinio el anciano. Con el Renacimiento, que marca verdaderamente el punto de partida del estudio científico de la naturaleza, la física se separa de la química. Ésta última se establece también como ciencia, mientras que las ciencias de la vida (fisiología, zoología, botánica, paleontología, etc.) toman a continuación su empuje.

Más allá de esta clasificación histórica, otra manera de considerar y clasificar las ciencias es según su objeto. Desde este punto de vista, el socialismo las clasifica en función de las formas del movimiento:

1º La mecánica (comprendida la astronomía) actúa al nivel de las masas. El objeto de la mecánica es el movimiento de las masas (tanto terrestres como celestes)

2º La física, se limita al movimiento molecular.

3º La química es una física de los átomos. Es la ciencia de los cambios cualitativos que se producen tras un cambio cuantitativo.

4º Engels tan sólo había presentado el movimiento científico de donde nacería una nueva concepción de la materia[81]. Este movimiento será asumido por los físicos antes que por los químicos[82], de ahí su nombre. Pero él trata de formas del

---

[81] « Al definir la física como la mecánica del movimiento molecular, no hemos perdido de vista que esta expresión no abraza en modo alguno todo el campo de la física actual. Por el contrario. Las vibraciones del éter [este concepto en su acepción mecanista será desmentido por la teoría de la relatividad NDR] que determinan los fenómenos de la luz y de la irradiación del calor no constituyen, evidentemente, movimientos moleculares, en el sentido que hoy damos a esta palabra (...)

Sin embargo, en los fenómenos eléctricos y caloríficos son nuevamente, antes que nada, los movimientos moleculares los que entran en consideración, y no podía ser de otro modo, dado que no sabemos aún nada sobre el éter. Pero cuando seamos capaces de poder exponer la mecánica del éter, ella abrazará muchas cosas que están hoy guardadas en la física » (Engels, Dialéctica de la naturaleza) asimismo « Toda la naturaleza asequible a nosotros forma un sistema, una concatenación general de cuerpos, entendiendo aquí por cuerpos todas las existencias materiales, desde los astros a los átomos, más aún, hasta las partículas del éter, de cuanto existe » (Engels. Dialéctica de la naturaleza.)

[82] « La radioactividad pertenece en adelante a la historia de la física. La química sólo interviene como técnica, para identificar los isótopos producidos por transmutación.

movimiento y de un nivel de intervención bien diferentes del de la física clásica, puesto que contempla un nivel subatómico. Es la física atómica, la física de las partículas. Es en esta revolución científica donde debe buscarse el núcleo de verdad que recubre la "tercera revolución industrial".

5° Igualmente Engels, falto de materiales, será conducido a dejar relativamente de lado las formas del movimiento orgánico[83]. El movimiento comunista, tan presto a repetir las necedades de la burguesía, tiene sin embargo ahí lo necesario para ejercer su sagacidad, integrando más de un siglo de desarrollo científico.

Engels juzgaba que, para la época del filósofo, la clasificación realizada por Hegel era completa. Ésta distinguía el mecanismo, el quimismo y el organismo. Puede medirse el alto grado de parentesco entre la clasificación de Hegel y la de Engels[84].

Siempre es vano tratar de rehacer la historia, pero debemos ahora, aquí, marcar una parada, especulativa. Por primera vez, química y física se enfrentan al mismo tiempo a un mismo enigma, y la química se define finalmente como técnica al servicio de cuestiones planteadas por los físicos.

Es difícil no ver en el encarnizamiento con el que Marie Curie continuó purificando el radio mientras Rutherford se lanzaba a la exploración del núcleo un punto de basculación, a la vez de acontecimiento secuencial, simbólico e irreversible, es decir, histórico. Pues la distribución de los papeles que se instituye así no ratifica una diferencia preexistente, sino que crea una nueva imagen de la física» (Bernadette Bensaude-Vincent, Isabelle Stengers, Histoire de la chimie, Editions La Découverte).

[83] "Si queremos estudiar aquí la naturaleza del movimiento, estamos obligados a dejar de lado las formas de movimiento orgánicas. También nos limitaremos forzosamente –dado el estado de la ciencia- a las formas de movimiento de la naturaleza inanimada."

[84] "Mecanismo: el movimiento de masas; quimismo: el movimiento molecular (pues aquí se incluía también la química, y ambas, física y química, pertenecen al mismo orden) y el movimiento atómico;

Esta clasificación no debe dar la impresión que las diversas ciencias son separadas. Corresponde a una clasificación de las formas del movimiento, y su disposición sigue la sucesión que es inherente a estas formas. Esta sucesión no debe ser artificialmente dialéctica como lo hace Hegel, sino que debe desprenderse del mismo desarrollo de la forma del movimiento. No está en nuestro propósito ir más adelante en esta exposición de las formas del movimiento. Este esbozo no tiene otro fin que mostrar que, para el socialismo, existe una historia de la ciencia y de las técnicas. Éstas no son puestas en un gran todo indiferenciado. La crítica de la ciencia[85], no sólo en sus efectos

---

organismo: el movimiento de los cuerpos, en el que ambos son inseparables" (Engels. Dialéctica de la naturaleza).

[85] Es lo que recordaba la izquierda comunista de Italia :

« Lancemos pues el grito de guerra que deja perplejos a todos aquellos cegados por la fuerza de los lugares comunes pútridos: abajo la ciencia. » (Programa del comunismo integral y teoría marxista del conocimiento Reunión de Milán 1962).

« Entonces la revolución, acompañada de la ola de las generaciones que ya no están desnaturalizadas por vuestra sociedad embrutecedora, revisará vuestros textos y vuestras fórmulas, y enseñará la ciencia nueva. Ella se dignará explicar vuestra historia y vuestra «anti-historia ». Para ello no empleará un púlpito, sino la fuerza, y, si es necesario, el Terror». (La vida en el cosmos. 1962)

Citemos asimismo a Lafargue « Los Haeckel del darwinismo, que para merecer el beneplácito de los capitalistas, han querido rebajar la ciencia al nivel de una religión, tan sólo han probado lo que los socialistas ya sabían, que en materia de servilismo los científicos valen lo que los curas; y que actuaron bien, los revolucionarios del siglo pasado, que cortaron la cabeza de Lavoisier, este padre de la química moderna y cómplice de los financieros que arruinaron la revolución. Los darwinianos de Francia, de Alemania y de Inglaterra no consiguieron falsificar las enseñanzas de la ciencia hasta hacer de ella medios de opresión intelectual. La ciencia siempre ha sido y siempre será revolucionaria; ella desarraigará los prejuicios sembrados a manos

sociales, sino también en sus presupuestos metodológicos, que conducen a diversas hipótesis absurdas, es un deber del movimiento revolucionario. Esto no pasa por la admiración beata por las autoproclamadas "revoluciones tecnológicas" de las que la burguesía gusta vestir la feroz explotación del proletariado de la cual se nutre, sino por un combate sin tregua contra la burguesía, su ideología, su ciencia, y siempre, sus religiones.

---

llenas por la clase poseedora para sostener su poder tambaleante. Esta teoría darwiniana, que debía consagrar científicamente la desigualdad social, arma por el contrario a los materialistas comunistas con nuevos argumentos para apelar a la revuelta a las clases oprimidas contra esta sociedad bárbara, donde los que siembran la riqueza sólo recogen la pobreza, donde todas las recompensas sociales son para los más incapaces y los más inútiles, donde las leyes de la evolución orgánica son ignoradas, desconocidas y contrarrestadas.. » (Lafargue, El materialismo económico de Karl Marx, II el medio natural: teoría darwiniana, p. 5, Bibliothèque socialiste, Cours d'économie sociale.)

« Ante los desastres acumulados sobre Francia por esta guerra, ante su hundimiento nacional y su ruina financiera, estas clases medias sienten que no es la clase corrompida de los que quieren ser los negreros de Francia, sino ¡sólo las aspiraciones viriles y la potencia hercúlea de la clase obrera quiénes podrán aportar la salud!

Ellas sienten que sólo la clase obrera puede emanciparlas de la tiranía de los curas, hacer de la ciencia no ya un instrumento de dominación de clase, sino una fuerza popular, hacer de los científicos mismo, no ya unos proxenetas de los prejuicios de clase, unos parásitos del Estado al acecho de buenas plazas y unos aliados del capital, sino ¡libres agentes del pensamiento!. La ciencia sólo puede jugar su auténtico papel en la República del Trabajo » (Marx, pruebas de redacción de « La guerra civil en Francia »)

El modo de producción capitalista frena el progreso técnico: el límite de los costes de producción

Introducción

Hemos visto en nuestro texto precedente que la burguesía y sus turiferarios no paran de embelesarse de los "progresos técnicos", de los "avances tecnológicos" hasta el punto de ver "revoluciones industriales" cada dos por tres. Sin embargo el desarrollo de las técnicas actuales encierra posibilidades de beneficios fenomenales en términos de productividad del trabajo, de reducción de la penosidad de las tareas y, *in fine*, de reducción del tiempo de trabajo, que sigue siendo uno de los grandes efectos de la máquina y un objetivo mayor de y para la emancipación del proletariado.

En este texto, tan sólo pondremos de relieve uno[86] de los factores que contribuyen a frenar el desarrollo del progreso

---

[86] Marx demuestra que, más allá de un cierto punto, el modo de producción capitalista es incompatible con toda mejora racional. Aquí, la razón de ello es que la generalización de algunos de estos progresos amenaza directamente a la existencia de un gran número de capitalistas. Ella conduciría a acelerar, de manera insoportable para la existencia del capital, su desaparición, al empujar muy adelante la concentración y la centralización del capital.

"¿Qué podría caracterizar mejor al modo capitalista de producción que la necesidad de imponerle, por medio de leyes coactivas del estado, los más sencillos preceptos de limpieza y salubridad? "En la alfarería, la ley fabril de 1864 ha blanqueado y limpiado más de 200 talleres, tras una abstinencia de veinte años o total de cualquiera de esas operaciones" (¡he aquí la "abstinencia" del capital!), "y en lugares donde están ocupados 27.878 obreros. Hasta el presente éstos respiraban, durante su desmesurado trabajo diurno y a menudo nocturno, una atmósfera mefítica que impregnaba de enfermedad y muerte una ocupación que, en lo demás, es relativamente inocua. La ley ha mejorado considerablemente la ventilación" [251]. Esta parte de la ley fabril ha demostrado de [587] manera contundente cómo el modo de producción capitalista, conforme a su esencia, a partir de cierto punto excluye todo perfeccionamiento racional. Reiteradamente hemos indicado que los médicos ingleses declaran a una voz que 500 pies cúbicos de aire por persona constituyen el mínimo apenas suficiente en caso de trabajo continuo. ¡Y bien! Si la ley fabril acelera indirectamente, por medio de la totalidad de sus disposiciones coercitivas, la transformación de talleres pequeños en fábricas, atacando por ende indirectamente el derecho de propiedad de los pequeños capitalistas y afianzando el monopolio de los grandes, ¡la imposición legal de la cantidad de aire necesaria para cada obrero en los talleres expropiaría directamente y de un solo golpe a miles de pequeños capitalistas! Atacaría la raíz del modo capitalista de producción, es decir, la autovalorización que el capital grande o pequeño alcanza mediante la compra y el consumo "libres" de la fuerza de trabajo. Y de ahí que ante esos 500 pies cúbicos de aire a la ley fabril se le corte la respiración. Las autoridades sanitarias, las comisiones investigadoras industriales, los inspectores fabriles, insisten una y otra vez en la necesidad de los 500 pies cúbicos y en la imposibilidad de imponérselos al capital. Lo que declaran, en realidad, es que la tisis y otras enfermedades pulmonares de los obreros constituyen una condición de vida del capital [252] " (Marx, Capital, libro I, sección cuarta, capítulo XIII)

Por otra parte, el monopolio es sinónimo de parasitismo y de limitación del progreso técnico.

« No obstante, como todo monopolio, engendra ineluctablemente una tendencia a la estancación y a la putrefacción. En la medida en que se establecen, aunque sea momentáneamente, precios de monopolio, desaparecen hasta cierto punto los estímulos del progreso técnico y, por ello, de todo otro progreso; se convierte entonces en posible, en el plano económico, frenar artificialmente el progreso técnico. Un ejemplo : en América, un cierto Owens inventa una máquina que debe revolucionar la fabricación botellas. El cartel alemán de fabricantes de botellas se hace con las patentes de Owens y las guarda en sus cajones, retardando su utilización. » (Lenin, El imperialismo, estadio supremo del capitalismo, capítulo 8)

técnico, estudiando la influencia del nivel de los salarios sobre la introducción de una nueva máquina.

El punto de vista de Marx

En el libro I del "Capital", Marx escribe:

"Considerado exclusivamente como medio para el abaratamiento del producto, el límite para el uso de la maquinaria está dado por el hecho de que su propia producción cueste menos trabajo que el trabajo sustituido por su empleo. Para el capital, no obstante, ese límite es más estrecho. Como aquél no paga el trabajo empleado, sino el valor de la fuerza de trabajo empleada, para él el uso de la máquina está limitado por la diferencia que existe entre el valor de la misma y el valor de la fuerza de trabajo que remplaza. Como la división de la jornada laboral en trabajo necesario y plustrabajo difiere según los países, y difiere también, asimismo, según las épocas en el mismo país, o según los ramos de actividad en el mismo período; como, además, el salario real del obrero ora cae por debajo del valor de su fuerza de trabajo, ora supera dicho valor, la diferencia entre el precio de la maquinaria y el precio de la fuerza de trabajo que debe sustituir puede variar considerablemente, por más que la diferencia entre la cantidad de trabajo necesaria para la producción de la máquina y la cantidad total del trabajo sustituido por ella se mantenga invariable. Pero es sólo la primera de esas diferencias la que determina los costos de producción de la mercancía para el capitalista mismo y la que influye sobre él, mediante las leyes coercitivas de la competencia. De ahí que hoy en día se inventen en Inglaterra máquinas que sólo se emplean en Norteamérica, del mismo modo que en los siglos XVI y XVII Alemania inventaba máquinas que sólo Holanda utilizaba, y que más de una invención francesa del siglo XVIII era explotada únicamente en Inglaterra.

En países desarrollados desde antiguo, el empleo de la máquina en determinados ramos de la industria genera en otros tal superabundancia de trabajo (redundancy of labour, dice Ricardo), que en éstos la caída del salario por debajo del valor de la fuerza de trabajo impide el uso de la maquinaria y lo hace superfluo, a menudo imposible, desde el punto de vista del capital, cuya ganancia, por lo demás, proviene de la reducción no del trabajo empleado, sino del trabajo que paga" (Marx, Capital, libro I, sección cuarta, capítulo XIII)

Por consiguiente, el capitalista toma únicamente en cuenta, en sus cálculos, el coste de producción, y no el valor o el precio de producción de la mercancía.

En una nota propia a la segunda edición alemana del Capital, Marx deduce inmediatamente de esta constatación que la sociedad comunista tendría, por el hecho de su organización social, una eficacia económica superior en la medida en que tomaría en cuenta la totalidad del trabajo gastado en la producción, y no solo la parte presente en los costes de producción.

"En una sociedad comunista, el maquinismo ocupará, por consiguiente, un lugar completamente distinto que en la sociedad burguesa"(Marx, El Capital L.I)

Este punto de vista de Marx, desde que se acepta su teoría del valor , se revela válido.

Después de ilustrar su propósito, trataremos de demostrar que cuanto más desarrollado y próspero es el modo de producción capitalista más frena-relativamente- el progreso técnico.

Un ejemplo

Tomemos un ejemplo. Para simplificarlo supondremos que el capital constante está compuesto únicamente de capital fijo (imaginemos una turbina de agua para producir electricidad) y que la rotación de este capital fijo es igual a la unidad. Así no hay diferencia entre el capital constante avanzado y el capital gastado en la producción de la mercancía.

Supondremos igualmente que el progreso eventual de la fuerza productiva del trabajo no tiene repercusión sobre el valor de la fuerza de trabajo. Ignoramos pues aquí el proceso valorización-desvalorización del capital. De este modo, la relación de la plusvalía con el capital variable es constante; la tasa de plusvalía permanece idéntica.

Supongamos que el valor de la mercancía sea el siguiente:

Situación A:

$$200 \text{ c} + 1000 \text{ v} + 1000 \text{ pl} = 2200$$

Supongamos que una nueva máquina, una turbina más potente, por ejemplo, haga su aparición y pueda dividir por dos la masa del trabajo vivo necesario para la producción de la mercancía. Donde ayer 10 obreros eran empleados (situación A), hoy bastan 5 (situación B) gracias a esta nueva máquina.

¿Cuál es el valor máximo, llamado X, que puede tener esta máquina para ser utilizada?

Situación B

$$X \text{ c} + 500 \text{ v} + 500 \text{ pl} = X + 1000$$

El resultado será bien distinto según nos situemos en el punto de vista del capitalista o de una sociedad comunista. Vamos a ver las dos maneras de abordar la cuestión.

La contabilidad del capitalista

El capitalista compara los costes de producción en las dos situaciones. En A, el coste de producción es de 1.200 (200 c + 1.000 v). En B, el coste de producción es de 500 + X (X c + 500 v). El capitalista pondrá en marcha la nueva máquina si el coste de producción de la mercancía es más bajo en B que en A. Por consiguiente la máquina debe tener un valor máximo de:

$1200 = X + 500$

O sea $X = 700$

Si la máquina tiene un valor inferior a 700, será utilizada por el capitalista pues así reduce su coste de producción. Éste tiene en cuenta el precio del capital constante, y por lo que concierne al trabajo vivo, únicamente el precio de la fuerza de trabajo. El valor de la máquina puede pasar de 200 a 700, una diferencia de 500, porqué el capital variable empleado es dividido por dos y pasa de 1000 a 500, una diferencia inversa de 500. El tiempo de trabajo suplementario para producir la máquina no puede ser superior al valor de la fuerza de trabajo suplantada por su utilización. Por ejemplo, si la máquina vale 400, el doble de la máquina actual, pero multiplica por dos la productividad del trabajo vivo obtenemos el resultado siguiente:

Situación B con X=400

400 c + 500 v + 500 pl = 1.400

El coste de producción baja de 1.200 a 900 y el valor de la mercancía baja de 2.200 a 1.400.

Por el contrario, si la máquina valiera 800, los costes de producción serían aumentados. Ellos pasarían de 1.200 a 1.300 (800 c + 500 v). En este caso, como hay encarecimiento de los costes de producción, el capitalista no compraría la máquina. No sería puesta en funcionamiento, aun cuando el tiempo de trabajo para producir la mercancía disminuya. En efecto, si bien el coste de producción de la mercancía aumenta, el tiempo de trabajo para producirla disminuye.

En la hipótesis de un valor de la máquina igual a 800, el valor cae de 2.200 (situación A) a 1.800 (800c + 500v + 500pl). Por consiguiente, si bien la máquina podría economizar el esfuerzo humano, no sería puesta en marcha en el marco del modo de producción capitalista, pues su utilización encarecería los costes de producción. No pasaría lo mismo en una sociedad comunista, pues ella tomaría en cuenta el conjunto del tiempo de trabajo, y no sólo la parte incorporada en los costes de producción.

El punto de vista de la sociedad comunista

En el marco de la sociedad comunista, la elección reposa sobre el conjunto del tiempo de trabajo. Si el producto supone un gasto de tiempo de trabajo del orden de 2.200 horas y una nueva máquina permite bajar este tiempo de trabajo, ella puede, teóricamente, ser puesta en funcionamiento. Basta con que genere una baja del tiempo de trabajo total para justificarlo[87].

El tiempo de trabajo gastado para producir la máquina puede ser entonces más elevado que en el marco del modo de producción capitalista.

Si volvemos a nuestro ejemplo tenemos la ecuación siguiente[88]:

---

[87] Dejamos ahora de lado las motivaciones, como la seguridad, que podrían justificar el empleo de una máquina que aumenta el tiempo de trabajo global en la sociedad para asegurar la realización de trabajos peligrosos o insalubres en ciertas ramas específicas con menos tiempo de trabajo.

[88] Bien entendido, en la sociedad comunista, la forma dinero es abolida; ello no significa que no subsista una contabilidad social sobre la base del tiempo de trabajo realizado por el trabajo asociado. Este trabajo se reputa de entrada como social, en la medida en que se reconoce útil a la comunidad. El trabajo es social antes de ser realizado, puesto que es

$$200 \, c + 1000 \, v + 1000 \, pl = X \, c + 500 \, v + 500 \, pl$$

Desde que el tiempo de trabajo global baja, la máquina presenta un interés. Basta pues que el tiempo de trabajo total sea inferior a 2.200 para tomar en consideración el progreso técnico aportado por una nueva máquina más potente. El tiempo de trabajo máximo que puede ser destinado a la máquina es pues de:

$$X = 1.200 \, (2.200 - 1.000)$$

En el modo de producción capitalista, el valor de la máquina no puede llegar a 700, mientras que en una sociedad comunista se podría llegar a destinar 1.200 horas a su fabricación. Los límites del progreso técnico son pues derribados. Una máquina que represente 800 horas de trabajo en el marco de la producción capitalista no sería puesta en funcionamiento, cuando ella ocasionaría una baja del tiempo de trabajo total de 400 horas (1.800 horas en lugar de 2.200 horas). El modo de producción capitalista fuerza el hombre al trabajo para extorsionarle el máximo de plustrabajo.

La revolución industrial ha sentado el principio de un alza ilimitada de la fuerza productiva del trabajo, pero ella no puede realizarse enteramente en el marco del modo de producción capitalista pues éste desarrolla esta fuerza productiva sólo con un objetivo limitado: la producción de un máximo de plusvalía. El

---

mediatizado por la comunidad. Él no se convierte en social por la mediación del trabajo abstracto y del dinero en el mercado, una vez realizada la producción, como en la sociedad burguesa. El valor y sus formas son abolidos. El modo de cálculo del capitalista descansa sobre los costes de producción expresados en dinero, lo que, como veremos, le ocasiona una nueva restricción, que amplifica los límites del progreso técnico. En nuestros ejemplos, no hay que olvidar pues el contexto propio de cada sociedad, que por razones evidentes vinculadas a la comparación de los cálculos no ponemos sistemáticamente de relieve.

modo de producción capitalista es un obstáculo al progreso técnico.

Recapitulativo

Podemos montar una tabla simplificada de las variaciones del valor de la máquina y de sus consecuencias para el coste de producción y el valor de la mercancía.

La hipótesis de partida es una reducción por dos del tiempo de trabajo vivo gracias a la puesta en marcha de una nueva máquina. Pasa pues de 2.000 a 1.000 conservando el mismo reparto entre capital variable y plusvalía. A todo lo largo de la tabla el capital variable y la plusvalía son pues iguales a 500.

Procedemos a continuación a diversas hipótesis sobre el valor de la máquina con un paso decreciente de 100.

Cuando el tiempo de trabajo destinado a la máquina es superior a 700 e inferior a 1.200, solo la sociedad comunista pone en funcionamiento la máquina. Es la parte de la tabla en caracteres rojos. A partir de 700, el umbral teórico del progreso técnico, ella puede ser utilizada en el marco del modo de producción capitalista (con las reservas aportadas por los riesgos de fluctuación de los precios). Esta parte está indicada a partir de los caracteres negros. Por debajo de 200, el progreso técnico economiza no sólo el trabajo vivo sino también el capital constante. Esta parte esta simbolizada por los caracteres verdes.

Valor de la máquina	Capital variable	Coste de producción	Plusvalía	Valor de la mercancía
1200	500	1700	500	2200
1100	500	1600	500	2100
1000	500	1500	500	2000
900	500	1400	500	1900
800	500	1300	500	1800
700	500	1200	500	1700
600	500	1100	500	1600
500	500	1000	500	1500
400	500	900	500	1400
300	500	800	500	1300
200	500	700	500	1200
100	500	600	500	1100
0	500	500	500	1000

La gráfica siguiente pone en perspectiva la tabla de arriba.

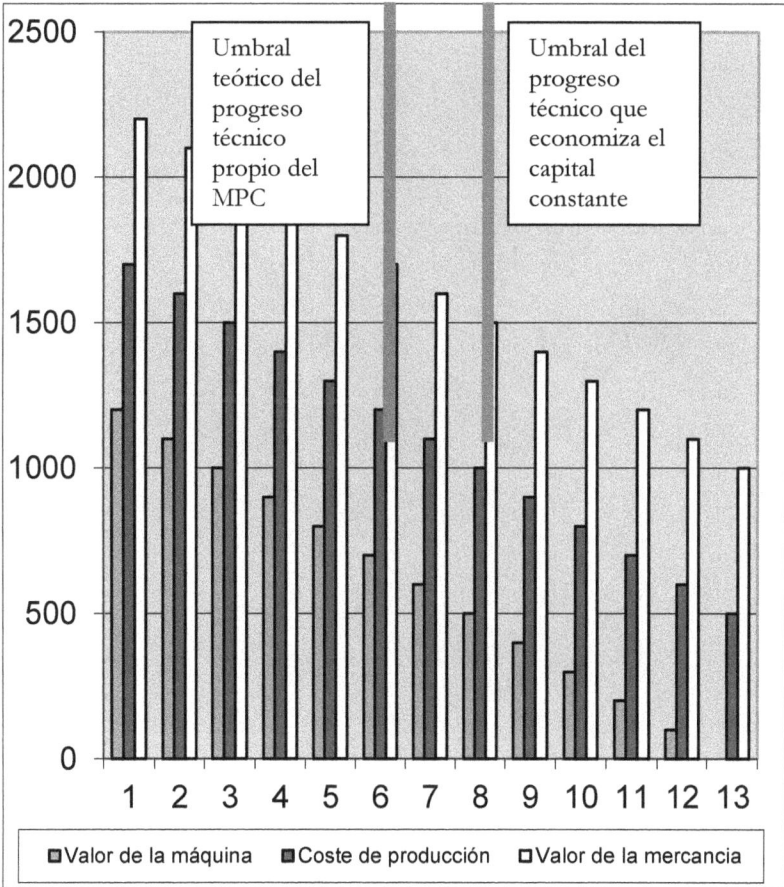

Por consiguiente:

1º. si el valor de la máquina es superior a 700, no tiene aplicación en el marco del modo de producción capitalista.

2º si el valor de la máquina está comprendido entre 1.200 y 700 podría ser usada en el marco de la sociedad comunista en la medida en que permite reducir el tiempo de trabajo.

El cálculo económico del capitalista: un cálculo incierto

Hemos razonado aquí como si el capitalista dominara los parámetros sobre los que funda su cálculo. Marx muestra que no es así. Por consiguiente, es necesario que la ganancia de productividad sobre la base de los costes de producción sea convincente para que el capitalista se decida a poner en marcha una nueva máquina. Aparte de los factores ligados al riesgo propio a la inestabilidad de la máquina –averías, dificultad de ejecución del proceso de trabajo exactamente requerido- que no abordaremos ahora, los factores propios a la lucha de clases hacen este cálculo económico incierto. Una máquina que vale 680 puede ser puesta en funcionamiento, teóricamente, por el capitalista, pero una fluctuación de los salarios a la baja (baja tanto más plausible cuanto que la máquina libera obreros y su concurrencia hace bajar el salario) podría cuestionar la elección que acaba de hacer. Si esta elección no es cuestionada en la rama, Marx muestra que este proceso penaliza la introducción de máquinas en otras ramas de industria. Independientemente de las fluctuaciones del precio del valor de la fuerza de trabajo, el mismo movimiento del valor, la desvalorización de la fuerza de trabajo puede frenar el progreso técnico. En efecto, el alza de la productividad inducida por la máquina puede conllevar una baja del valor de la fuerza de trabajo si los elementos materiales que la constituyen son reproducidos en menos tiempo[89]. Lo mismo ocurre en los elementos constitutivos del capital constante. Existe una no man's land (tierra de nadie) del progreso técnico, donde el alza de la productividad que baja los costes de

---

[89] Estas cuestiones ligadas al proceso de valorización y desvalorización merecen por sí solos desarrollos importantes que no es posible tratar aquí.

producción vendría a cuestionar el cálculo económico establecido sobre la base de los costes precedentes.

Sean las que fueren las razones, existe una zona entorno a la zona límite, una especie de no man's land del progreso técnico, una zona gris inestable y móvil, que el capitalista no puede contemplar con certeza, y éste es igualmente un factor suplementario para frenar el progreso técnico. Al umbral teórico del progreso técnico se une un umbral práctico, impreciso e inestable, que rechaza el límite de rentabilidad del progreso técnico.

Si retomamos nuestra tabla de ejemplo, podemos ilustrar nuestro propósito por una zona gris en la que el progreso técnico teórico no tiene asegurada la viabilidad.

Valor de la máquina	Capital variable	Coste de producción	Plusvalía	Valor de la mercancía
1200	500	1700	500	2200
1100	500	1600	500	2100
1000	500	1500	500	2000
900	500	1400	500	1900
800	500	1300	500	1800
700	500	1200	500	1700
600	500	1100	500	1600
500	500	1000	500	1500
400	500	900	500	1400
300	500	800	500	1300
200	500	700	500	1200
100	500	600	500	1100
0	500	500	500	1000

Por el contrario, el maquinismo y el progreso técnico aparecerán como armas de guerra en manos de la clase capitalista para romper las pretensiones salariales y sociales del proletariado. Las alzas de salarios adquiridas facilitan la puesta en funcionamiento de máquinas que arruinan las posiciones del proletariado, reconstituyen el ejército de reserva industrial y aumentan la competencia entre obreros.

En la medida en que la moneda, el valor y los precios son abolidos y que el cálculo económico se hace sobre el tiempo de trabajo total y no sólo sobre los costes de producción, la sociedad comunista no conoce esta inestabilidad y riesgo en la decisión.

Evolución del progreso técnico

La cuestión que se nos plantea ahora es la de saber cómo evoluciona este límite propio del modo de producción capitalista. ¿Cuál es la influencia de la productividad del trabajo? El freno relativo que pone el modo de producción al progreso técnico, ¿crece con el desarrollo de este modo de producción, o por el contrario se atenúa?

Para hacerlo podemos comparar los resultados[90] obtenidos por los dos tipos de sociedad: la comunista y el modo de producción capitalista. Si bajo la influencia de los parámetros que queremos estudiar, la brecha relativa entre el comunismo y el capitalismo aumenta, entonces podemos concluir que cuánto más se desarrolla el MPC más frena el progreso técnico.

Antes de generalizar los resultados en una forma abstracta, válida para el conjunto de los casos de la figura, retomemos nuestro ejemplo.

Un ejemplo numérico

En la situación inicial (A) tenemos una mercancía cuyo valor es 2.200. Se descompone en 200 de capital constante y 1.000 de capital variable. El coste de producción es pues de 1.200. Al añadirle la plusvalía obtenemos el valor total de la mercancía, 2.200. La composición orgánica del capital es de 0,2 (200/1.000) y la tasa de plusvalía se eleva al 100 % (1.000/1.000)

---

[90] Esto supone que nosotros los llevemos a criterios cuantitativos comunes – el tiempo de trabajo – de los que no hay que olvidar las grande diferencias cualitativas (el comunismo no conoce la forma valor).

	Capital constante	Capital variable	Coste de producción	Plusvalía	Valor de la mercancía
Situación inicial	200 c	1000 v	1200	1000 pl	2200

La tabla siguiente toma en cuenta diversas hipótesis en cuanto a la variación de la productividad (columna 1). Se hace la hipótesis de que la nueva máquina es susceptible de dividir el trabajo vivo por 1,5, después por 2, después por 3, etc.

Cuánto más descendemos en la tabla más importante es la productividad. En la columna siguiente (columna 2) encontramos el tiempo de trabajo límite posible en una sociedad comunista. La columna siguiente (3) establece el valor límite en el marco del modo de producción capitalista. La columna 4 calcula la relación entre el comunismo y el modo de producción capitalista al relacionar los dos valores límites. La columna 5 indica el tiempo de trabajo adicional límite que puede ser destinado a la máquina para un nivel dado de la productividad en una sociedad comunista. Añadiendo el tiempo de trabajo inicial del capital constante obtenemos el resultado de la columna 2. La columna 6 contiene el valor adicional de la máquina en el marco del capitalismo. Este valor adicional se añade al valor de la máquina en la situación inicial para formar el valor límite de la columna 3. La columna 8 calcula el montante del capital variable habida cuenta del nivel de la productividad. La columna 9 calcula el montante de la plusvalía. La columna 10 indica el tiempo de trabajo destinado al producto en el comunismo y la última columna el valor de la mercancía en el capitalismo.

1	2	3	4	5	6	7	8	9	10	11
1,5	866 2/3	533 1/3	1,625	666 2/3	333 1/3	2	666 2/3	666 2/3	2200	1866 2/3
2	1200	700	1,71	1000	500	2	500	500	2200	1700
3	1533 1/3	866 2/3	1,77	1333 1/3	666 2/3	2	333 1/3	333 1/3	2200	1533 1/3
4	1700	950	1,79	1500	750	2	250	250	2200	1450
5	1800	1000	1,8	1600	800	2	200	200	2200	1400
10	2000	1100	1,81	1800	900	2	100	100	2200	1300
100	2180	1190	1,83	1980	990	2	10	10	2200	1210

Recapitulativo de las indicaciones de las columnas.

1: Indicador de productividad

2: Tiempo de trabajo límite destinado a la producción de la máquina en la sociedad comunista.

3: Valor límite de la máquina en el marco del MPC

4 Relación entre 2 y 3

5: Tiempo de trabajo adicional límite para la máquina en el marco de una sociedad comunista.

6: Valor adicional límite del valor de la máquina en el MPC

7: Relación entre 5 y 6

8: Capital variable

9: Plusvalía

10: Tiempo de trabajo total en la sociedad comunista

11: Valor de la mercancía en el marco del MPC

¿Cuáles son los grandes resultados que extraemos de este cuadro?

El ejemplo nos muestra que la relación entre los valores límites adicionales es constante cualquiera que sea el nivel de la productividad. Pero en este ejemplo se ha supuesto constante la tasa de plusvalía. Generalicemos el ejemplo numérico pasando por una representación algebraica que nos permitirá contemplar todos los casos posibles.

Generalización

El valor límite en el comunismo es igual a la suma del tiempo de trabajo desplazado, o sea

(1) $(V + Pl) \alpha$

Con V : capital variable, Pl : plusvalía y α : indicador de productividad.

En relación con el indicador presente en el cuadro $\alpha = (1 - 1/p))$

En el modo de producción capitalista el cálculo sólo trata sobre el capital variable, o sea

(2) Vp

La relación del comunismo al capitalismo es pues de

(3) $(V + Pl) \alpha / V \alpha$.

Podemos simplificar esta relación en

(4) $V + Pl / V$.

Por otra parte $Pl = V t$ donde t es la tasa de plusvalía

Por consiguiente obtenemos $V (1 + t) / V$, que tras una nueva simplificación nos da:

(5) $1 + t$.

La relación entre el comunismo y el capitalismo es pues de $1 + t$.

Como t, tasa de plusvalía, la tasa de explotación aumenta con el desarrollo de la producción capitalista, podemos concluir que cuanto más desarrollado está el modo de producción capitalista, más frena relativamente el progreso técnico.

Cuando tomamos en cuenta las condiciones iniciales y ya no la sola variación de valor, es decir, cuando tomamos una composición orgánica dada, constatamos que, en la tabla, la brecha entre el comunismo y el capitalismo crece con el desarrollo de la productividad. Cuando la productividad tiende al infinito, y por tanto cuando α tiende a 1, la relación tiende hacia 1,833.

Podemos generalizar los resultados ilustrados en la tabla.

Tenemos, para el comunismo, un valor límite total de la máquina igual a:

(1) $C + (V + Pl)\, \alpha$

Para el modo de producción capitalista, este valor límite es de:

(2) $C + V\, \alpha$

Sabemos que $Pl = Vt$. La plusvalía es igual al capital variable que multiplica la tasa de explotación.

Podemos pues modificar la ecuación (1) en:

(3) $C + V\, \alpha\, (1 + t)$

Por otra parte $C = V\, n$. El capital constante es igual al capital variable que multiplica la composición orgánica del capital (n). Habida cuenta de estos resultados podemos modificar las ecuaciones (3) et (2), que devienen:

(4) $V\, n + V\, \alpha\, (1 + t)$ o bien $V\, (n + \alpha\, (1 + t))$

(5) $V\, n + V\, \alpha$ o bien $V\, (n + \alpha)$

Si formamos la relación del comunismo con el capitalismo, o sea (4)/(5) obtenemos :

(6) $V\, (n + \alpha\, (1 + t)) / V\, (n + \alpha)$.

Esta ecuación se simplifica en

(7) $(n + \alpha\, (1 + t))/(n + \alpha)$. O sea $n + \alpha + \alpha t\, /\, n + \alpha$

que se convierte en

(8) $1 + t\, \alpha/n + \alpha$

Cuando la productividad tiende hacia el infinito α tiende hacia 1 y la ecuación tiende hacia:

$1 + t/n+1$ o sea $1 +$ el taso de ganancia.

Cuanto más productivo es el modo de producción capitalista, más próspero es y más frena el progreso técnico. Con el desarrollo de la producción capitalista, cuando el capital cobra importancia y se alimenta una baja tendencial de la tasa de ganancia, la brecha ente los progresos técnicos potenciales se reduce. Cuanto más se acumula el capital, más se ahoga, más disminuye la brecha y más la sociedad burguesa debe alumbrar otra sociedad.

Es fácil encontrar, a partir de la última ecuación, el primer gran resultado que hemos puesto en evidencia. Basta suponer que las condiciones iniciales son nulas, es decir, que no existe capital constante. En este caso la ecuación $1+t/n+1$ deviene $1+t$ pues n es nulo.

Estos resultados valen entre las razones, y no de las menores, por las que la suerte de la humanidad exige de manera urgente desembarazarse de un modo de producción mortífero, que ha aportado un salto considerable en el desarrollo social, pero que se ha convertido en un obstáculo al libre desarrollo de la especie y a su dominio de sus condiciones de vida y de reproducción natural y social.

Del mismo autor

En castellano

El marxismo en resumen. De la crítica del capitalismo a la sociedad sin clases

En francés

Crise du capital, crise de l'entreprise
Aux fondements des crises. Le marxisme de la chaire et les crises
De la révolution industrielle
Le marxisme en résumé. De la critique du capitalisme à la société sans classes
Le cycle des crises aux Etats-Unis depuis 1929
Le marxisme et la république démocratique (por aparecer)

En portuguès

O marxismo em resumo. Da critica do capitalismo à sociedade sem classes.

En inglès

Marxism in a nutshell

Otros textos se hallan disponibles en :
www.robingoodfellow.info

Robin Goodfellow Editions
BP 60048
92163 Antony cedex
France
ISBN : 978-2-37161-015-6
Depósito legal : Abril 2018

http:// www.robingoodfellow.info
robin.goodfellow@robingoodfellow.info

Titulo: El marxismo y la revolución industrial
Tipo de documento: Texto impreso
Autor: Robin Goodfellow
Lugar de edición: Paris - Barcelone
Editor: Robin Goodfellow
Fecha de edición: Abril 2018
Número de pàginas: 128 p.
Presentación: Cubierta en color
Formato : A5
ISBN: 978-2-37161-015-6
Lenguas: Español (spa)
Impresor: lulu.com
Impreso en Francia
Gráfico de la cubierta: Robin Goodfellow
Venta en línea: lulu.com
Segunda edición

www.ingramcontent.com/pod-product-compliance
Lightning Source LLC
Chambersburg PA
CBHW060612210326
41520CB00010B/1317